中公文庫

〈女らしさ〉の文化史

性・モード・風俗

小倉孝誠

中央公論新社

プロローグ

外国で暮らした経験のあるひとならば誰でも多かれ少なかれ感じたことだと思うが、異なる文化に属する人々は、異なる言語を話すだけでなく、異なる身体表現の方法を持っている。歩き方、しぐさ、身振り、動作など、要するに身体の使い方が違うのだ。その違いを魅力的と思うか、無作法と思うか、優雅と感じるか、野暮と感じるか、それは状況によって、またひとによってさまざまだろう。いずれにしても、現地のひとたちの身体表現を日常的に目にすることが、異国で暮らしているという実感を強めてくれる。これは理屈の問題ではなく、感覚の問題である。

私はかつて、フランスで数年間におよぶ学生生活を送ったことがある。フランス人も含めて一般にラテン系の民族は身振りが大きく、表情が豊かである。そして彼ら南ヨーロッパの人間には、北ヨーロッパの人々がいくらか冷たく、素っ気なく見えるらしい。フランス語では、「冷静」という言葉に、まるでそれが国民性の本質であるかのようにしばしば

「イギリス的な」という形容詞がつく。国や民族が異なれば身体の技法もまた変わるということは、否定できない。これは子供の頃から、ほとんど無意識のうちに形成されてしまうから、たとえば、フランス人はフランス人的な身体表現ということを特に意識しているわけではなく、私たち日本人から見れば、あきらかに私たちの身体表現とは異なるということである。

かくして身体という近しい現実が、文化の異質性を感じさせる大きな要素として現われてくる。その意味で、身体はひとつの文化にほかならない。となれば、ひとつの国の身体の歴史をたどることは、その国の文化を理解することにつながっていくばかりではなく、「身体」全般がおかれた社会の状況や、それを支える思想・哲学を読み解く方法を見いだす手段ともなるのではないか。本書の基底にあるのは、そのような素朴な認識である。

身体の文化史を綴るにあたって、私は本書で、女性の身体（とりわけフランス女性の身体）について語ろうと思う。女性の身体は、さまざまな意味で男性の身体よりも歴史性や社会性を強く刻印されており、その変化もまた速い。女性の身体のほうが、風俗やものの考え方の変遷をよりはっきりと映しだすし、それによって影響されやすいのではないか。男の身体に較べて、女の身体は振幅が大きいのである。現代の女性たちは、一方で、長いあいだの束縛から自分の身体を解き放とうとしながらも、他方で、誰からも強制されていないのに身体をいたずらに苛《さいな》んだりする。身体的な快楽への欲望をはばかることなく口にするかと思えば、拒食や過食といった摂食障害に苦しんだりするのだ。

歴史的に言えば、近年にいたるまで女の身体は男によって見られ、対象化されてきたし、そのような状況は現在でも根本的に変わってはいない。女のほうにも男の身体を見つめ、対象化しようとする傾向がしだいに鮮明になってきているとはいえ、視線の力学はまだ平等ではないだろう。近代という歴史空間のなかで、見つめられ規制されてきた「女の身体」の表象を跡づけてみよう。そうすることによって、「人間の身体」に向けられるまなざしの構造が浮かびあがってくるはずである。

目次

〈女らしさ〉の文化史

性・モード・風俗

序　論

「一見そう思えるのとは違って、人間の身体は不変ではない。諸々の社会と文明は、裸体の全身像に絶えず修正をほどこす」

（ゴンクール兄弟『日記』、一八六二年四月十一日）

変化する身体

十九世紀フランスの作家ゴンクール兄弟（兄エドモン一八二二―九六、弟ジュール一八三〇―七〇）といえば、『ジェルミニー・ラセルトゥー』をはじめとする一連の小説によって、自然主義文学を代表する二人の作家である。現代日本の読者には、歌麿や北斎の作品をフランスに紹介し、そのことをつうじて「ジャポニスム」流行の先鞭をつけた美術批評家として記憶されているかもしれない。彼らはまた、十八世紀フランスの女性たちに関する歴史的著作も刊行しているし、その問題意識は今日の社会史のそれを想わせるものがあって、歴史家のあいだでも評価が高い。

ゴンクール兄弟は一八五一年以降二人で、そして一八七〇年に弟ジュールが死んだ後は兄エドモンがひとりで、終生にわたって日記を書きつづけた。「文学生活の回想」という副題をもつその日記は、十九世紀後半パリの文学、美術、社会、風俗、心性、政治について貴重な情報を提供してくれる一大パノラマとして、この時代を研究する者にとってはきわめて興味深い資料になっている。

エピグラフとして引用した一節は、絵画に描かれてきた女性のイメージの変遷をめぐって書き留められた一文である。ドイツのクラナッハが描いた女性、イタリアのパルミジャニーノが描いた女性、そしてフランスのブーシェが描いた女性は、三つの時代におけるそれぞれ異なった三つの女性らしさの表現にほかならない、とゴンクール兄弟は主張する。そして絵画表象における女性らしさの変化は、とりもなおさず人間の身体をめぐる表象が不変でないことの証しだ、と言うのである。美術についての彼らの深い造詣、そしてみずからの小説のなかで身体や病のテーマを深く掘りさげたという事実を考慮するならば、ゴンクール兄弟の直観には無視しがたい価値がある。

「一見そう思えるのとは違って、人間の身体は不変ではない。諸々の社会と文明は、裸体の全身像に絶えず修正をほどこす」ことは、かならずしも裸体にかぎらないはずだ。衣服をまとっているかまとっていないかは、今本質的な問題ではない。ゴンクール兄弟の指摘は、絵画の領域そのものを超えて、人間の身体一般にあてはまるだろう。社会と文明が異なれば、すなわち時代と空間が異なれば、人々が自己の身体や他者の身体に向けるまなざしも異なる。

ではいったいゴンクール兄弟が生き、活躍した時代には、どのような身体表象が流布していたのか。本書は近代ヨーロッパ、とりわけ十九―二十世紀フランスを対象にしてこのテーマに迫ろうとする試みである。

身体の多義性

身体は、われわれにとってもっとも近しく、もっとも根元的な与件のひとつである。われわれは皆一個の身体をそなえており、身体を動かし、活用することによって日常生活を営み、職業活動にたずさわっている。そしてまた、デカルトが『情念論』（一六四九）のなかで述べたように、身体は人間が外部の世界を知覚し、認識するための媒体でもある。現代社会においても、遺伝子操作、臓器移植、性同一性障害、美容整形など、身体にまつわるジャーナリスティックな話題には事欠かない。

もっとも近しいものである身体は、しかしながら、われわれにとってもっとも自明な現実というわけではない。身体が実在するということは経験的にあきらかであるにしても、意識や感覚をつうじてそれを把握するしかたは多様であり、ときには大きく揺らぐ。自分がいったい何なのか分からなくなるというアイデンティティーの危機は、しばしば身体意識の危機でもあるだろう。幸福や快楽を実感させてくれる身体は、同時に、不幸や苦痛というつらい体験を味わわせる苛酷な暴君でもある。

このように一見自明なように見えながら、しかし多義的であり、親しいものでありながら、疎外の原因にもなりうる身体をめぐっては、さまざまな知の領域が分析のディスクール（言説や議論の体系）を連ねてきた。身体が文字どおり議論の中心に据えられる医学や解剖学（たとえば養老孟司の仕事）は言うにおよばず、フロイトからラカンにいたる精神分析学、哲学（ベルクソン『物質と記憶』を先駆的業績として、とりわけ現象学の流れ。フッサール、メルロ＝ポンティ、わが国では市川浩や鷲田清一）、社会学（橋爪大三郎、大澤真幸、ボードリヤール、アンソニー・シノットなど）、フェミニズム批評（代表はもちろん上野千鶴子であろう）、歴史学（英米圏で盛んなジェンダー・ヒストリー、アラン・コルバンやジョルジュ・ヴィガレロなどフランスが主流の「感性の歴史」）、人類学（マルセル・モースからマーガレット・ミードを経て、レヴィ＝ストロースまで）、民俗学

（たとえば柳田國男）など、例は枚挙にいとまがない。そして現在の段階で、これらすべての学問分野において、ミシェル・フーコーの一連の著作がもたらしたインパクトの重要性は計り知れない。

　それぞれの分野は、身体をめぐって刺激的な論考を展開している。身体の意味は汲みつくしがたく、その問題はけっして尽きることがないように見える。それらの意味や問題を網羅的に分析することは論外だし、それらを総花的に要約、紹介することは私の関心事ではない。本書の目的はきわめて限定された、慎ましいものである。すなわち近代フランスにおける、より正確には十九世紀から二十世紀初頭という《現代性《モデルニテ》》が確立した時代のフランスにおける、身体表象のいくつかの側面を析出させることである。そして方法としては、さまざまな文化現象を一定のテーマにそくして横断的に叙述する、文化史の方法にもとづいている。

　身体を歴史学の対象とするに際しては、身体を人間、社会、文化のどのような次元と関係づけるかによって、さまざまな切り口が考えられよう。現代イギリスの歴史家ロイ・ポーターはこれまでの成果を検討し、今後を展望しながら、身体史において注目すべき七つの流れを指摘している。[*1]

（一）人間の条件としての身体——誕生、病、老い、死など、人間の生にとって避けがたい経験が、時代によってどのように意味づけられてきたか。

（二）身体の形態——身体は、ひとつの視覚化されたかたちとして現われる。そのようなかたち（肖像画、自画像、彫像、写真など）は歴史的な分析に値する。

（三）身体の解剖学——特定の文化や個人が、自分たちの手足や器官、体格や肉体についてどのような意味づけを行なってきたかを探る。

（四）身体・精神・魂——身体と精神の領域は、けっして固定されたものではなく、両者の境界線は、一定の時代や社会が共有する価値体系と認識システムにしたがって変動していく。自己とは、精神化された身体と身体化された精神がときとして抗争するひとつの統合体にほかならない。

（五）性とジェンダー——フェミニストたちの努力により、かなりの成果をあげてきた研究分野。ただし「男らしさ」、「男性性」の歴史はまだ不当に軽視されている。

（六）身体と国家（Body Politic）——国家が個人の身体を所有し統制してきた状況や、その正当化の論理についての研究。

（七）身体、文明、およびそれへの不満——衣服、食事、化粧品、清潔、タブー、禁制、欲望の規制などが、個人と社会を文明化する上でどのような役割を果たしてきたか。

もちろんこの七つの研究分野は孤立したものではなく、相互に排除するものでもない。それぞれがお互いに交流し、お互いを豊かにしていくはずである。実際、はじめから明瞭に意図していたわけではないが、私の試みは結果的に、これらの分野が提起する問題意識に多少とも浸透されることになった。

本書の構成

本書は大きく二つの部分に分かれる。

第Ⅰ部「語られる身体」は、女性の身体表象をめぐる歴史的分析である。なぜことさら女性の身体なのか。それは十九世紀フランスにあって、男の身体よりも女の身体のほうがはるかに頻繁に論じられ、描かれ、語られていたからである。しかも女の身体を論じ、描き、語ったのは多くの場合、男であった。十九世紀の男たちにとって、みずからの身体はほとんど自明の現実だったようだが、それに反して、科学的な知識の乏しさもあって、女の身体は謎にみちたものであり、神秘的な対象であった。女のからだは、欲望の対象であると同時に恐れの対象であり、魅力あるものであると同時に危険なものであった。そのような謎や神秘性に魅せられ、両義性にとまどいながら、医者や生理学者は女の身体を調査し、画家は女の姿態と衣裳を描き、作家は女の肉体とその情動を語って倦《う》むことがなかった。男たちが女の身体をめぐって綴ったこれらのディスクールを検証してみたい。

より具体的には、医学事典や医学書のなかに読まれる女の身体と病気をめぐる記述を解析し、病が文学作品においていかに語られているかを調べ（第1章）、見つめられる女の身体を描くディスクールの構造と、見つめる男のまなざしの力学を検討し（第2章）、女性においてとりわけ価値あるものとされた美しさが、文学や生理学の書物においていかに提示されているかを叙述する（第3章）。

第Ⅱ部は、「身体の規範化」の問題をめぐって展開される。ひとはときにみずからの身体を持てあまし、どう対処してよいのか分からなくなる。しかも十九世紀には、身体というのは無軌道な傾向に陥りやすいと考えられていたから、社会が身体の活動とエネルギーにたいして一定の規範を課して、それを抑制しようとした。それはとりわけ、女性の身体について当てはまることである。身体とはその意味で、自然と文化、自然と社会がせめぎあう場にほかならない。

近代フランスにおいて、ブルジョワジーは身体文化の洗練に大きな関心を払っていた。ブルジョワジーは、十八世紀末の革命後に成立したみずからの政治的、経済的な支配を、文化的にも正当化しようとしたからであり、都市や農村に住む民衆とのあいだに、一線を画そうとしたからである。身体は階級性をつよく刻印されている、あるいは階級性を顕在化させるための手段として、身体が利用されるのだ。そこでもやはり、女性の身体は特別な配慮を向けられることになった。身体の規範化をめざすディスクールや実践は数多くあり、それらを網羅的に考察するのは不可能だから、本書ではしぐさ、美容術、衣服、コルセットなど、身体の表層を形成するにあたって機能していた美学を探り（第4章）、私生活や社交生活において人々の立ち居振る舞いを規定していた「礼儀作法書」のディスクールを分析する（第5章）。

参照した資料は、主として十九世紀から二十世紀にかけてフランスで刊行された医学事典、医学・生理学の著作、文学作品、絵画、美容術の本、礼儀作法書などであり、きわめて多様性に富む。私としては、そのなかのどれをも特権化する意図はなかった。論じるテーマに応じて、あるときは医学的ディスクールを詳しく検討し、あるときは小説のテクストを引用し、またあるときは礼儀作法書という特殊なジャンルに関心を向けた。あつかう資料として雑多な印象をあたえるかもしれないが、それは身体という、複雑で捉えがたい対象に接近し、その多様な側面をあきらかにするために行なわれた選択の結果である。こうして本書には、女性の身体をめぐる医学的記述を分析した章、文学に描かれた身体のレトリックを論じた身体の文学史とも言える章、作法書の構造とイデオロギーを検証した社会史的な章などが含まれることになった。

自然と文化が出会う場

抽象的な身体というものはない。身体は一定の時間と空間のなかに据えられ、男であるか女であるか、健康であるか病気であるか、痩せているか太っているか、老いているか若いかなど、つねに一定の状況にさらされた特定の身体にすぎない。

大多数のひとたちにとって、もっとも重大な差異は男女の性差であろう。病は多くの場合に癒すことができるし、痩せる太るはある程度コントロール可能だし、老若はかなり相対的なものだが、性差だけは克服しがたい本質的な差異である（現在では医学的に性転換手術が可能だが、日常的に行なわれるわけではない）。男にとって女の身体は、そして女にとって男の身体は、けっして追体験できない絶対的な他者にほかならない。したがって、男が女の身体をめぐって紡ぎ出す表象には、さまざまな幻想や神話が織り込まれているだろう。しかしそのような幻想や神話も現実を構成する要素であり、単なる誤謬や偏見としてかたづけることはできない。女性たちのほうは、男性たちがつくりあげた幻想や神話を

《自然》なものとして受けいれるよう、《社会》と《文化》によって長いあいだ慣らされてきたのである。私としてはむしろ、そのような幻想や神話を社会的テクストとして読み解いてみようと思う。

フランスでも日本でも、かつてと較べれば、現代の女性が身体的にはるかに解放されていることは否定できない。彼女たちは、身振り、態度、性、生殖、衣服、教育、礼儀作法など、身体にまつわるあらゆる面で、十九世紀フランスのブルジョワ女性や昭和中期までの日本女性よりも、ずっと自由で奔放な状況におかれている。たとえば《性》の問題ひとつ取りあげてみても、現在では女性誌がセックスを積極的に楽しむためのテクニックを特集したり（「セックスできれいになる」という類いの記事）、女性のためのポルノグラフィックなコミックまである。もちろん男性誌の領域では以前から、同じようなものがもっと露骨で、かつ攻撃的なかたちで出版されていたわけだから、性をめぐる女の意識が男の意識に近づいてきただけにすぎない、という言い方もできるだろう。

すべてが許されているかに見える社会にあっても、しかしながら暗黙のタブーはあり、心得ていなければならない禁止事項は依然として存在する。身体はいつの時代でも、あらゆる規範から完全に自由であることはできない。規範という言葉が抑圧的に聞こえるというのならば、鷲田清一に倣って身体の「判断力」や「想像力」と言ってもよい。鷲田はこの身体の判断力や想像力が、現代の日本で失われつつあるのではないかと危惧するのだが、[*2]私としては、そのような判断力や想像力がどのように形成され、どのように人々の身体観を規定してきたかを、おもに近代フランス女性の身体表象をめぐって探ってみたいのである。そしてそのことが間接的に、現代の日本人の身体について考えるための導きの糸になることを期待している。

　これまで女性の身体表象を論じてきたのは、欧米でも日本でも主として女性たちであった。女性の社会学者や歴史家、文学研究者、フェミニストの論客たちが女性のからだ、性、生殖などを研究してきた。同性として多かれ少なかれ追体験できる女の身体を、歴史的、社会学的、文学的に論じてきたと言えるだろう。それにたいして男が女の身体表象を論じるときは、女の身体が他者であるだけに、なにがしかの後ろめたさとためらいがともなう。男による女性の身体表象論は、女の身体について無知な男のつまらない妄想や先入観に毒されている、という非難も予期しなければならない。

　それにも拘らず男である筆者がこのテーマを選んだのは、先にも指摘したように、近代フランスでは（そしてもちろん、他の西洋諸国や日本においても）女性のからだを科学の視線にさらし、女性を語り、描いたのが男性だったからであり、彼らが形成した女をめぐる表象を分析することは、男である筆者にも正当に許されるだろうと考えたからである。

男は女の身体を生きることはできないが、男たちが定式化したディスクールを論じることはできるだろう。そしてまた、身体の表象は他者との関係性において構築されるものなのだから、女の身体をめぐる男のディスクールを分析することは、人間の身体という問題を一般的に考察する上でも有益だと思われる。

いずれにせよ身体の表象は、自然と文化、現実と想像力が出会い、分節化する特権的な空間にほかならない。本書はそのことを示すための、ひとつのケース・スタディである。身体をめぐるさまざまな問いに解答を出すことではなく、むしろその問いを、歴史的なパースペクティヴのなかに置きなおしてみることが目的である。

I

語られる身体

第1章　女・医学・病

古代から近代にいたるまで、女の身体について論じ、語ってきたのはほとんどつねに男たちである。キリスト教神学の立場からさまざまな倫理を規定した聖職者たちは、言うまでもなくすべて男性であったし、医学や、生理学や、生物学の観点から女性の身体を分析したのも、十九世紀まではほとんど男性ばかりであった。そしてまた、その多くが男性である作家が女性の身体と心理を描き、男性の芸術家たちが女性の姿を絵画や、版画や、彫刻のなかで表象してきたのである。歴史的にみれば最近まで、女性がみずからの身体について語ることができたのは、日記や手紙といったプライヴェートな言説においてのみであり、しかもその場合ですら、彼女たちには社会的、倫理的な規制がおよぼされていた。

換言すれば、女性の身体はみずからの主体ではなく、男性の側からの言説や欲望の客体として捉えられてきたということである。長いあいだ、女性はみずからの身体に主体的に関わることができず、あるいはそのことに大きな困難を感じ、アイデンティティー形成の途上で、その困難を避けがたい通過点として体験しなければならなかったのだろう。上野千鶴子が指摘しているように、[*1] たとえば性の領域においては、「男が能動、女が受動」という主体／客体の神話が根強く残っているし、その神話は男女の性的アイデンティティーのなかに刷りこまれている、と言えるかもしれない。受動性を刻印された女性のほうが、性的身体としての自己形成をやらされてきたわけだが、同時に、身体をめぐる自己意識の形成においては、女性のほうが多くの障害にあってしまう。性的な身体を、女性は見られることによって獲得していく。女性にとって自己身体意識、あるいは自己身体のイメージは、思春期以降、男性からかくあるべき身体として規範化され、みずからに向けられるまなざしをとおして、かつそのまなざしを内面化することによって獲得されていく。

上野千鶴子が論じているのは、おもに性的空間における女性の身体だが、その指摘は女性の身体一般についてかなりの程度まで妥当するに違いない。近代フランスにおいても、男たちは女の身体を対象化し、それをめぐってさまざまな幻想や神話を紡ぎだした。そのような幻想や神話を、いわば集団的な想像力のかたちをあらわにするディスクールとして解釈してみようというのが、本章のねらいである。

悪魔か、聖母マリアか

十九世紀のフランスで練りあげられた女性をめぐる表象は、大きくふたつのカテゴリーに分類できよう。

ひとつは、男性を慰め、助ける献身的な女性、家庭の平和を守り、子供を慈しむ母親としての女性というイメージである。その理想的な姿は、言うまでもなく聖母マリアにほかならない。十九世紀のフランスでは、一八三〇年のパリ、一八四六年のドーフィネ地方ラ・サレット、一八五八年の南仏ルルド、一八七一年のフランス西部ポンマンと、聖母マリアがしばしば顕現し、それが民衆のマリア信仰をいやがうえにも高めることになったのであり、そのことが女性の理想化において大きな役割を果たした。十九世紀はマリア出現の時代でもあったのだ。[*2] 憐憫の情に富み、慈愛の心をそなえた女性は、男性や家庭にとって守護天使のような存在になることを期待されていたのである。

またロマン主義の作家たち、とりわけラマルティーヌは、女性をしばしば謳い、女性がもたらす愛の甘美さを称えてやまなかった。彼らにとって愛する女性は「詩神ミューズ」そのものであり、彼らの創作活動に無視しえないインスピレーションをもたらしたとされ

1858年2月、ピレネー山麓ルルドの洞窟で聖母マリアの姿を見た少女ベルナデット。

奇蹟の洞窟の上には聖堂が建立され、一大巡礼地となった。

る。ユゴーにとってのジュリエット・ドゥルエ、ラマルティーヌにとってのジュリー・シャルル、ヴィニーにとってのマリー・ドルヴァル、ミュッセにとってのジョルジュ・サンドなど、例はいくらでもあげられよう。聖母マリアや詩神ミューズと同一視された女性たちは、まさしく天使的な女性たちであり、透きとおったような、身体性を感じさせない霊的な存在である。天使には性がなく、触れうるような肉体もない。理想化された女性とは、身体性のきわめて希薄な女性なのである。

　これとまったく対照的なのが、女性を罪深い存在、男性を破滅にいたらせる存在とみなす考え方である。すべての女性は、『旧約聖書』の「創世記」で語られているように悪魔と契約したイヴの娘たちであり、したがって邪悪な人間だ、とするイデオロギー。そこでは、まさしく身体こそが危機と混乱をもたらす元凶にほかならない。しばしば女性賛美の時代と言われたりもするロマン主義時代において、天使的な女性と悪魔的な女性という、どちらもユダヤ＝キリスト教的な伝統に由来する、まったく相反するふたつの表象がすでに併存していた。そしてその対立は、女性の身体をめぐる考え方に大きく規定されていたのである。たとえば、ヴィニーの代表的な詩集『運命』（一八六四、死後出版）に収められた「サムソンの怒り」[*3]という詩には、次のような詩句が読まれる。

つねに、いたるところで、永遠の闘いが
男の善良さと女の策略のあいだで
神を御前にしてこの地上で繰りひろげられる。
なぜなら女は、肉体も魂も汚れた人間だからだ。（「サムソンの怒り」）

男と女の対立、いわばジェンダー闘争はすでにロマン主義文学のテーマであり、かならずしも二十世紀の発明ではない。

このような観点に立つと、女性は芸術家にインスピレーションをもたらすミューズではないし、家庭を守る天使でもない。実際、十九世紀後半の文学においては、女性はしばしば作家や芸術家の才能を枯渇させてしまう、否定的な人間として提示されている。ゴンクール兄弟の『シャルル・ドゥマイー』（一八五九）において、主人公の作家シャルルは女性のせいで想像力を失っていくとされるし、エミール・ゾラの『制作』（一八八六）では、天才的な画家クロードが恋人クリスティーヌの無理解と嫉妬に苦しむさまが語られている。シャルルとクロードがどちらも、物語の最後で狂気の深淵に沈んでしまうのはきわめて示唆的であろう。知的、精神的に男たちを苦しめ、ときには破滅させてしまう「宿命の女《ファム・ファタール》」、その妖しい魅力ゆえに男を惑わせ、没落させていく「宿命の女」は、マリオ・プラーツが

『肉体と死と悪魔』で、もっと新しいところではブラム・ダイクストラが大著『倒錯の偶像』で示してみせたように、世紀末ヨーロッパの芸術と文学を支配した表象のひとつであった。

宿命の女

世紀末ヨーロッパで、この「宿命の女」がもつさまざまな属性を一身に凝縮した女としてしばしば語られ、描かれたのが『福音書』に出てくるサロメである。艶やかな姿でヘロデ王の前で踊り、その報酬として洗礼者ヨハネの首を要求したサロメは、その残酷な身振りゆえに女性性《フェミニテ》の脅威をあらわす人物像となり、世紀末文化において多様な表象を生みだすことになった。絵画の領域におけるそのもっとも有名な例は、一八七〇年代にギュスターヴ・モローが描いたサロメのシリーズであろう。まぶしいほどの白い裸身を惜しげもなくさらすサロメは、魔性と純潔性をかねそなえたアンビヴァレントな存在、頽廃と崇高さを同時に感じさせる身体にほかならない。他方、クリムトの「サロメ」（一九〇一）と題された作品は、爛熟した地上的な女を想わせ、モローとは対照的である。

文学の領域では、モローの「ヘロデ王の前で踊るサロメ」と「出現」を一八七六年のサロン展で目にしたフローベールが、部分的にそれらに触発されながら短篇「ヘロデヤ」（『三つの物語』、一八七七、に所収）のなかで、肉感的な処女、無邪気でしかも淫乱な乙女というサロメ像を描く。ユイスマンス作『さかしま』（一八八四）の主人公デ・ゼッサントは、モローの絵に描かれたサロメの姿のうちに、「打ちかちがたい《淫欲》の象徴的な神、不滅の《ヒステリー》の女神、呪われた《美》」（第五章）を読みとる。そしてマラルメは『エロディアード』において、詩のアレゴリー化をくわだてながらサロメの相貌を喚起した。さらにオスカー・ワイルドは戯曲『サロメ』（一八九三）において、洗礼者ヨハネ（ヨカナーン）にたいするサロメの愛と憎しみを語り、エロスと死の結びつきというデカダン美学の原理を際立たせる。

小説であれ、詩であれ、あるいは演劇であれ、十九世紀末の作家たちによって表象されるサロメは、つねに妖しい、破滅的な魅力をたたえた女、したがって怖るべき女である。そして、ビアズリーがワイルドの作品のために描いた挿絵に見られる、聖ヨハネの首をいとおしむように見つめるサロメの凄惨な美しさは、多くのひとが記憶しているだろうし、同じワイルドの作品が、リヒャルト・シュトラウスのオペラ『サロメ』（一九〇五）の霊感源になったことも、あらためて言うまでもないだろう。

両性をいろいろな点で区別し、女性の危険性を説き、社会と家庭の秩序を保つためには

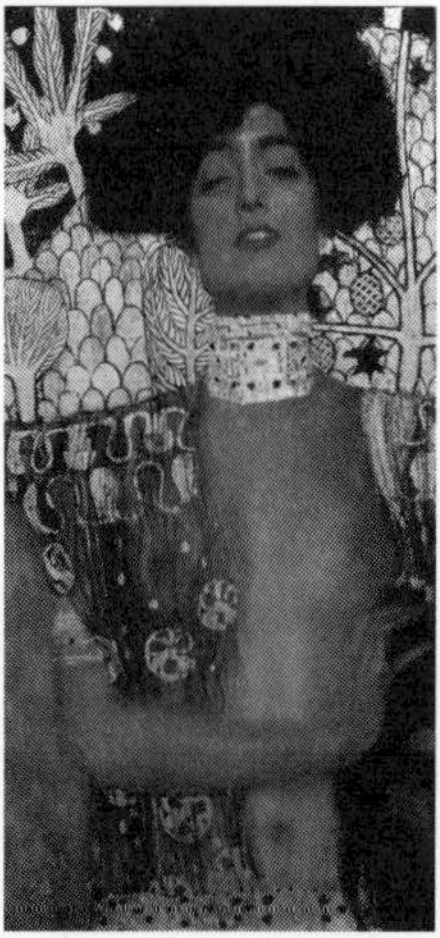

モローの「出現」（1876）［上］と
クリムトの「サロメ」（1901）［右］。

エドゥアール・トゥドゥーズ（1848–1907）の「勝ち誇るサロメ」（1886頃）。モローのサロメのシリーズとは、芸術的な価値からいって比較にならないが、あどけない少女の顔、成熟した肉体、そして銀の盆にのせられたヨハネの首の組み合せが、世紀末のジェンダー妄想の一端をかいま見させてくれる。1886年のサロン展で物議をかもした作品。

ビアズリーがワイルド作『サロメ』のために描いた挿絵は、世紀末的な「宿命の女」を鮮やかに表象する。「舞姫の褒美」[右]と「クライマックス」[左]

女性を男性に従属させなければならないとする言説は、アリストテレスや『聖書』の時代からすでにあった。また十八世紀のルソーは『エミール』(一七六二)において、教育論の立場から女性の務めを次のように規定する。

女性の教育はすべて男性に関連させて考えられなければならない。男性の気に入り、役に立ち、男性から愛され、尊敬され、男性が幼いときは育て、大きくなれば世話をやき、助言をあたえ、なぐさめ、生活を楽しく快いものにしてやる、こういうことがあらゆる時代における女性の義務であり、女性に子どものときから教えなければならないことだ。こういう原則にさかのぼって考えないかぎり、人は目的から遠ざかることになり、女性にあたえる教訓は女性自身の幸福にもわたしたち男性の幸福にもいっさい役にたたないことになる。[*4]

十九世紀になっても同じテーマが執拗に反復されるが、この世紀に特徴的なのは、女性蔑視がほとんど暴力的な言葉で語られるようになったことである。カナダの社会学者アンソニー・シノットは『ボディ・ソシアル――身体と感覚の社会学』のなかで、十九世紀の作家、哲学者、社会学者が書き記した、あからさまに性差を肯定する文章をふんだんに引用している。[*5]イギリスの詩人テニソン（一八〇九―九二）は、「男は剣のためにあり、女は針のためにある／男は精神を持ち、女は心を持つ／男は命令し、女は従う」と歌い、ショーペンハウアーは女はあらゆる点で劣った性であると断言し、ニーチェによれば、男が本当に欲するのは危険と遊びだけであり、女を求めるのはそれがもっとも危険なおもちゃだからである。世紀末フランスの社会学者ギュスターヴ・ル・ボンは、女性が人間の進化において劣等な形態をあらわすものであり、子供や未開人に近いとためらうことなく主張した。十九世紀後半のヨーロッパは、かつて以上に女嫌い《ミソジニー》の時代になったのである。女性は男性よりも「自然」に近く、それゆえ身体のメカニズムにより強く束縛されている、というのが当時の一般的な見方であった。「自然」はときに荒れ狂うし、身体のメカニズムは変調をきたすことがあるだろう。女性に特有の病とされたヒステリーや色情狂は、そのような変調が身体的にあらわれたものにほかならない、と見なされた。女性の身体のうちに秘められた神秘的なエネルギー、マグマのように激しいエネルギーはいつ噴出するか分からない。愛や、快楽や、信仰において飽くことを知らない女性の身体は、男性から見れば注意深く監視し、必要とあらばきびしく抑制すべき対象だった。女性の身体を、男性の秩序に従わせることが問題だったのである。

男らしさの危機

もっとも、ここに男性による女性の身体の抑圧、男性の恣意的な専制だけを見るとすれば、それは一面的な解釈だろう。たしかに、フェリシアン・ロップスの絵画、ゾラやユイスマンスの小説、ロンブローゾらの医学的言説など、世紀末には女性嫌悪の表象が多様なかたちで示されていたことは、否定できない。ときに女性は知性を完全に否定され、もっぱら身体性や生殖の担い手として捉えられさえした。しかも実証主義を標榜した十九世紀であったから、そのような見方が、単に『聖書』にもとづく宗教的な解釈や、古典的なブルジョワ道徳だけに支えられていたのではなく、一見したところ科学的な論拠にもとづいて主張されたのである。それは男性がみずからの優越性を主張する、あからさまに自己満足的なディスクール以外のなにものでもない。

しかし同時に、そこには男性の懐疑やためらい、男性の隠された苦悩とフラストレーションが潜んでいることを、われわれは読み取ることができるように思われる。

一八七一年から一九一四年にかけてのフランス社会における性差のゆらぎを分析したアンヌリーズ・モーグは、この時代に男性のアイデンティティーが深刻な危機にさらされたと指摘している。[*6] 教育の普及にともない、女性たちは中等学校や大学に多数入学するようになり、それに続いてジャーナリズム、法曹界、教育界、スポーツ界などに進出する。男のようにタバコを吸う女、離婚する女（離婚は一八八四年のナケ法により、条件つきで認められた）、男性と同等の権利を要求する《フェミニスト》たち、同一の仕事には同一の賃金を要求する女性の労働運動家たちが出現する。

それまで伝統的に定められていた性差の境界を脅かすこのような風潮に、ブルジョワ男性や知識人は不安の念を抑えられなかったし、その不安が、激しい敵意となって現われた。他方で、単調な役所仕事にたずさわる事務員や、機械的な作業を長いあいだ強いられる工場労働者が増えるにつれて、男性は、かつてのような男らしさを発揮する場を失っていく。

そこでは腕力や、勇気や、果敢な精神など必要とされないからである。それが、たとえばモーリス・バレスのようなマッチョ的作家の苛立ちをつのらせたとしても、なんの不思議もない。

　男性のアイデンティティーの危機は、フランスだけの現象ではなかった。エリザベート・バダンテールによれば、それはオーストリアでも、ドイツでも、そしてアメリカでさえも見られた現象だった。世紀末からベル・エポックへと移行するこの時代、ウィーンや、ベルリンや、ニューヨークで、男たちは女権拡張を唱える「男まさりの女たち」の運動に脅威を感じ、優しい女性という理想が失墜しつつあることを嘆いた。

　ムージルは次のように書き記す。「女性が過激に男性化し、もはや女らしさが男の避難所ではなくなってしまったような文明で、『母親の胸へのノスタルジー』にどんな意味があろうか？」[*7]。ウィーンの思想家オットー・ヴァイニンガーは、弱冠二十三歳のときに刊行し、さまざまな物議をかもした『性と性格』（一九〇三）のなかで、女性解放とはひとつの幻想にすぎず、それはじつは女性たち自身の利益に反することなのだ、と主張する。というのも女性解放への欲求とは、女性が持っている男性的なものから生じる欲求であり、実際に解放をめざす女性たちは、つねに男性的な特徴を有しているからである。「女性の内部にあって解放を望んでいるのは、じつは男性にほかならない」[*8]。

ドイツやオーストリアの男性は女性への恐れを表白し、アメリカの男性はみずからの文化が女性化することを危惧した。その恐れと危惧を一時的にであれ解消することになるのが、一九一四―一九一八年の第一次世界大戦であった。戦争は、男たちにみずからの男らしさを否応なく取りもどさせる、したがって男性性《ヴィリリテ》の危機を終焉させる出来事だったのである。

世紀末に蔓延した女性嫌悪の表象のなかには、身体とセクシュアリティの問題もからまっている。世紀末からベル・エポック期にかけてのヨーロッパの男性たちは、女性の身体と欲望をひそかに恐れていたのではないだろうか。それをよく示しているのが、ヴァイニンガーであろう。彼によれば、女の存在はもっぱら性的なものであり、セクシュアリティと生殖と育児が女の人生を包摂している。男も性的な存在だが、しかしつねにそれ以外のなにものかでもある。性的に敏感な部位は、男の場合は少なく、散在しているにすぎないが、女にあっては身体の表面にほとんど遍在している。男は間歇《かんけつ》的に性的な状態になるだけだが、女は継続的にそのような状態にある。女にあっては、セクシュアリティとそうでないものとのあいだに対立や矛盾がない。要するに、「以上のことをいくらか乱暴に表現するならば、男はペニスを所有しているが、女はヴァギナに所有されているということである」[*9]。ヴァイニンガーの言説はたしかに不必要なまでに過激で、ときには不愉快でさえあるが、しかしその過激さを割り引いて考えるならば、当時にあってけっして例外ではなかった。

女性的なものにたいする侮蔑は、男性的なものの自己弁護であり、女性性《フェミニテ》にたいする異議申し立ては、男性性《ヴィリリテ》の危機感の表明であった。だからこそ男性はさまざまな修辞と言説をつうじて、女性の身体がはらむとされたエネルギーを鎮静させ、そのセクシュアリティを抑制しようとしたのである。そしてまた、法的および社会的な諸権利を奪うことによって、女性を永遠に未成年者の地位におこうとしたのであり、ナポレオン法典とは、そのような戦略の制度化であった。

医学は女性の身体をどう語ったか

作家や哲学者や心理学者が綴った性差のディスクールであれば、それを彼らの個人的な偏見と笑ってすませることもできよう。女性にたいして過度の幻想をいだいていた人間が、何らかの失望を味わったがゆえに、その反動として過激な女嫌いに変貌してしまったという、心理的な憶測も許されるかもしれない。期待が大きければ大きいほど、それが裏切られたときの幻滅もまた大きいからである。しかし、同じようなディスクールが医者や生理学者によって綴られるとなれば、事情は違ってくるだろう。彼らはもちろん、科学の名において身体とそのメカニズムについて語っていたからである。

近代以前には、古代ギリシアの医者ガレノスの学説が強い影響をもち、男女には明確な性差が認められていなかった。トマス・ラカーの『セックスの発明――性差の観念史と解剖学のアポリア』によれば、女性を男性の一変種とみなす「単一生殖」のモデルが長いあいだ支配的だったという。[*10] 解剖学的に言えば、卵巣は「女の睾丸」であり、男の生殖器を女の体内に押しこんだものにすぎず、月経は単に過剰な体液を外に排出するための反応だとされていたのである。月経とそれが引きおこす支障のメカニズムは、まだ疾病分類学によって捉えられていなかったし、閉経期という概念は存在しなかった。当時の解剖図は、卵巣と睾丸の位置こそ異なるものの、形態としては相称的であることを強調する。卵巣は、本来であれば外部に出るべきものが体内にとどまったものなのだから、女は「不完全な男」である……。

生物学的な意味での男女の性に関する考え方に根本的な変化がおこったのは、十八世紀になってからである。生理学や解剖学の知識が深まるにつれて、男女が本質的に異なる性であると説く医学的なディスクールが優勢になっていく。同時に、解剖学的な性差が強調されることによって、女性のアイデンティティーが卵巣と子宮という生殖器官を中心にして構築されるという事態をうみだすことにもつながった。荻野美穂がいみじくも「女の性器化」と名づけたこの現象は、[*11] 十九世紀に入ってからは、社会における男女の差異を正当化するのに利用されるだろう。男女の活動、権利、義務が異なるのは、恣意的な差別ではなく、自然の摂理によって定められた生物学的な宿命にほかならない、というわけである。「セックス」が「ジェンダー」の基盤として確立されたのである。

こうして身体をめぐっては、宗教や哲学よりも、医学が大きな発言力を有するようになった。それにともなって十九世紀、とりわけ後半になると、医者という職業の社会的威信が高まっていくのだが、現代フランスの歴史家ジャック・レオナールによると、そこには三つの要因がからまっているという。[*12] まず、特殊な知識を有していること。身体と精神のあらゆる細部と神秘を学んだ医者は、もっとも有益な知を習得した者と見なされるようになる。第二に、患者の秘密が厳守されたこと。医療倫理のうちでももっとも肝要なこの原理が確立されたのが、この時代である。他人に隠しておきたい秘密の受託者になるという意味で、医者は司祭と似た役割を演じることになった。そして第三に、医学という職業が博愛の精神に裏うちされていたことである。

市民の身体を管理するための予防医学がしだいに整備され、それにつれて衛生学的な思考が社会のさまざまな領域に浸透していった。人々の健康を守ることが国家の政策になり、教育的なプロジェクトにさえなるだろう。そのとき、医学のまなざしは、監視的な行政のまなざしとぴったりと重なりあう。他方、個人や家庭の秘密を職業柄とはいえ託される医者は、ブルジョワの家庭においてますます大きな存在になっていく。医者は、単に病んだ身体や精神を治療するのみならず、プライヴァシーの秘めやかな襞《ひだ》にまで分けいることを許される。医者は、市民の私生活にまで介入する権利を手に入れたのである。

実際、医学の発言力が増した十九世紀という時代にあっては、女性をめぐるさまざまな表象とディスクールの多くは医者によって流布させられた。しかも彼らは、一部の哲学者や作家と異なり、不必要なまでに攻撃的になることはけっしてなく、温情主義的な言葉をもちいた。女性は、家庭のやすらぎを守り、父や夫や子供たちを慰め、苦しみを和らげてくれるとされ、男性に服従することのうちにこそみずからの喜びと存在理由を見いだすようにと、医者は促すのである。

しかも、そればかりではない。一八一二年から一八二二年にかけて刊行された六十巻におよぶ『医学事典 Dictionnaire des sciences médicales』は、十九世紀初頭における医学知識の集大成になっているが、その第十四巻に「女性 Femme」に関する一六〇ページにおよぶ長い項目がある。「人類学と生理学」、「倫理」、「女性の病気」という三つのセクションに分かれ、ヴィレーという医師がはじめの二つを担当している。そして十九世紀の医者たちもまた、生理学的に男女のあいだにはっきりとした境界線を設けることをためらわない。ヴィレーの診断はこの上もなく断定的である。

> 男は能動的で、女は受動的である。男は体質的に暖かく乾いていたり、あるいは激しかったりするが、女は湿っていて、より冷たい。前者は支配し、勝利を収めるのに対し、後者は従属し、嘆願する。[*13]

女性の骨格は男性のそれに較べてより小さくて細く、細胞繊維はより弛緩している。このような身体的劣等性の原因になっているのは、スペルマの不在であり、その点で女性は去勢された宦官《かんがん》に似ている。スペルマこそが男性のたくましい肉体を作りだし、勇気と思考力をもたらすのである。処女の身体からはほとんどいかなる匂いも発しないが、男と接触をもった女性はそれと分かるかすかな体臭を放つようになる、とヴィレーはまことしやかに語る。

　女性はまた、その身体的な脆弱さゆえに子供に近い、と十九世紀の医学書は繰りかえし指摘することをためらわなかった。たしかに女性は男性よりも早く成熟するが、成長はその段階で止まってしまい、女性は永遠になかば子供の状態にとどまるのだという。

女性は体格という面で、ほとんどつねに子供である。子供と同じように、女性の器官はさまざまな衝動に対して容易に屈してしまう。女性は感受性が鋭く、まさしくそれゆえに、同一の感覚を長いあいだ持続させることができない[*14]。

女性は思考のつながりよりも身体的な印象に敏感であり、その想像力はすぐに興奮してしまう傾向がある。女性の神経組織は男性のそれよりも容易に、有機体のさまざまな部分に感応する。そしてこのような性差のディスクールは、知性や精神の領域にまで広げられる。こうして『医学事典』という体系化された科学的な知の空間においても、男は理性、女は感性という伝統的な図式があらためて確認されることになるのだ。

女性は思想を生み出すよりも、むしろさまざまな印象を受け取る。細部を把握し、さまざまな対象のあいだにあるかすかな繋がりや関係よりも、その対象のニュアンスを捉える。女性は過去と比較したり、未来を予測したり計算したりするよりも、現在を感じる。男性が一般化しようとするものを、女性は個別化する。女性にそなわっているのは、連関した思考の脈絡や、理性の厳密な繋がりではなく、むしろ繊細な如才なさであり、礼儀作法をすばやく洞察する力である。男性が糾合するものを、女性は分離する。われわれ男性は集団を見るが、女性は分割された部分をよりよく認識できる。[*15]

愛は男女を平等にする

身体的に子供に近く、男性よりも劣っているとされた女性は、必然的に男性に隷属するよう運命づけられているのだろうか。

いや、そうではない。肉体的な力や知性の面で劣位におかれている女性は、美しさと愛の営みをつうじて男性の庇護を勝ちえることができる。実際、十九世紀の医者たちによれば、愛こそは女性の一大事業にほかならず、愛によってみずからの劣等性を克服できるとされる。身体的なか弱さを、感情による征服のための手段に変えなければならない。

女性の力は、まさにその弱さから、スペルマの欠落あるいは生命の火の欠落から生まれる。女性はみずからに欠けている力を探し求め、男性に従うことによって男性を服従させるのだ。[*16]

本質的に、男は過剰の人間であり、女は欠乏の人間であって、男はあたえるべく、女は受け取るべくできている。かくしてこの過剰と欠乏は、男女が結びつくことによっていわば相殺され、中和されるのである。その意味で、愛の営みとは数学的な平準化にほかならない。

『女性の医学的、哲学的歴史』（一八四五）と題された書物の著者たるシャルル＝フランソワ・マンヴィルにとっても、愛は女性の運命を方向づける出来事である。「愛は男の人生においてはひとつのエピソードにすぎないが、女にあっては人生全体の物語である」という、スタール夫人の小説『デルフィーヌ』に読まれる有名な一節に賛同しながら、マンヴィルは愛し、愛されることこそ女性にとって最大の幸福である、と主張してはばからない（第二巻、「愛について」）。愛がなければ、すべてが輝きを失い、陰鬱なものになってしまうだろう。女性は、みずからの弱さを愛によって償うのであり、愛を感じさせるために他人に気に入られようと努めるのだ。美しさ、優雅さ、才知、若さなどは、それが愛を吹きこむ力を女性にあたえてくれるかぎりにおいて、価値をおびてくる。

「女は病人である」

十九世紀にあっては、ことさら男性のみを論じた医学書というものはないし、医学書においても「男性」だけを特殊に論じた項目もほとんど見当たらない。それは人間一般の身体や病気の問題として記述されるからである。「男性 homme」が「人間 homme」と、なんの疑いもなく等号で結ばれていた時代だった。

それにたいして、医学事典や医学書のなかではかならず「女性」という項目が独立したかたちで設けられている。そしてそこに読まれる叙述のなかで驚かされるのは、女性の病に関するページがきわめて多いという事実である。先に言及した『医学事典』には「女性の病気」というセクションが設けられており、その著者フルニエは女性の病気をめぐる哲学的考察、月経、思春期、妊娠、出産、授乳、閉経などにともなうさまざまな病的症状に関する生理学的な考察を、ほぼ一〇〇ページにわたって展開している。それをほとんど踏襲するかのように、マンヴィルの著作においても、その第三巻は「女性の病気に関する哲学的、生理学的な考察」にあてられている。

医学事典であればそのことも理解できるが、女性の身体、生理、衛生、倫理、感情などを論じる一般書においても、ことさら「病」という主題が特権化されているとなれば、これは単なる偶然ではありえないだろう。十九世紀の女性をめぐるディスクールにおいては、女性はほとんどつねに病人であり、女性の生涯はさまざまな身体的異変の連続として捉えられていた。成長や母性にともなう諸症状は、注意深く対処すべき身体の試練にほかならなかったのである。

　たとえばミシュレのような歴史家もまた、そのような見方に与《くみ》していた。『愛』（一八五八）は女性の心理、生理、身体をめぐってひとりの男性の歴史家によって綴られた驚くべき書物だが、そのなかでミシュレは、女性は愛ゆえに病み、絶えず傷ついている人間であると述べている。「女とは何か。それは病気である」。女の生涯は絶えざる苦しみの連続にほかならず、女はその苦しみによく耐える術《すべ》を知っている。そしてそのような苦しみや病は愛ゆえに、そして母性という天から授かった贈り物ゆえに生じるのだ。「女は愛されたいと思う。女は愛と母性の器官で悩む。従って女の病はすべて、直接的にせよ間接的にせよ、子宮の反響なのである」[*17]（第四書、第九章）。女性が絶えず病んでいることが、いわば自然の宿命であるとすれば、その病を緩和し、慰めてやるのは男の務めである。女が病人であるとすれば、男は医師たるべきである、とミシュレは主張するのだ。妻が病に苦しんでいるならば、夫こそ産婦人科医になるべし、というわけである。愛されている女は、愛されていない女ほど苦しむことはないのだからと。『愛』は男女の和合を言祝《ことほ》ぐ、十九世紀の愛の聖書にほかならない。

女性と病をまるで宿命であるかのように同居させたのは、男のディスクールだけではなかった。女性による、女性をめぐる、女性のための書物においても、女と病気は分かちがたく結びついている。

二十世紀初頭に、美容に関する本やマナーブックの書き手として、女性読者の大きな支持をえていたトラマール伯爵夫人というひとがいた。その彼女のベストセラーのひとつ『女性の日課書――美しくなるためのひそかな実践』（一九〇三）は、女の母性をことさらに特権化することはしないが、女のからだがその解剖学的な構造からいって、男以上に苦痛や変調をこうむる運命にあることを強調せずにはいられない。「女性はまさしく脆弱性そのものであり」、過度の神経症にさらされている。女性は絶えず苦しみ、はっきりした理由もなしに苛立ってしまう。月経や妊娠は病であり、それは自然によって課された掟《おきて》なのだから、男性は女性にたいして寛容にならなくてはならない。

女性が絶えず病気であるというのは、あきらかなことである。女性はその生理ゆえに、彼女のからだを窮地に追いつめるさまざまな傷に翻弄される。女性は苦しんでいるので

ジェームズ・ティソ（1836-1902）の「回復期にある病人」（1875-76頃）［上］と、アルフレッド・ロル（1846-1919）の「病気の女」（1880年代）［下］。19世紀の表象体系において女と病の結びつきはきわめて強く、したがって当時の絵画はしばしば病に伏す女性や、回復期の女性の姿を描いている。

あり、そのことは否定しようもない。だからこそ、女性には寛大になってあげるべきである。女性がこうむる絶えざる変化は、彼女の精神にもつらい影響をおよぼす。女性はつねにみずからの行為の責任をとれるわけではなく、逃れようのない宿命の法則を甘受するにすぎないのだ。その宿命は女性を創造するにあたって、しばしば非常に苦しい血液の交換と受胎という、きわめて苛酷な規則を課したのであった。*18

女性は不可避的に、病と共生しなければならない。そしてそれゆえ、女性の弱さが免責されるのである。

統計によれば、十九世紀には女性の罹患率や死亡率が男性のそれよりもつねに高かった。一般の人々のみならず、数多くの医師たちもまた、女性が弱い存在であり、その原因は生物学的、生理学的なもの、したがって変えることのできないものであると考えていた。女性の弱さは、自然によってもたらされた宿命だったのである。

フランスだけではない。十九世紀末から二十世紀初頭のアメリカ社会を分析したエーレンライク／イングリシュによれば、当時のアメリカの医者たちも、すべての女性機能は生まれつき病気であると鑑定し、病こそ女性的であると見なしていた。そしてまるでミシュレの考え方に呼応するかのように、女性の弱さの根底にあるとされたのが子宮であり、卵巣であった。医師は現実の治療において、頭痛、喉痛、消化不良にいたるまで女性のあらゆる不調の背後には、子宮や卵巣の「不調」があると確信し、脊椎の湾曲、悪い姿勢、下半身のすべての痛みは子宮が「ずれた」せいだと考えていた。ディリックスという医師は、一八六九年に次のように書き記す。

> このように女性は胃、肝臓、腎臓、心臓、肺臓などの病気の治療を受けている。しかしほとんどの場合、このような病気をちゃんと検査すると、実際はまったく病気などではなく、ある病気に対する神経の反応や症状なのである。つまり子宮の病気が原因なのである。[*19]

実際には、女性たちの弱さの小さからぬ部分は、家庭や社会によって彼女たちに課された生活スタイルと、「女性＝脆弱」という文化的な刷り込みに由来していたのだが、そのことに想いをいたす医師は当時は少なかった。その意味で、女性の病は社会と文化によって作り出されたものであり、ひとつのイデオロギーでもあった。文化を宿命とすり替えること、自然の名においてフェミナンなものを捏造すること——女性の心理と肉体について誰よりもよく知っているとされた医者が、そのプロセスにおいて決定的な役割を演じたことはあきらかであろう。

結核の神話

結核は女性に特有の病気ではないが、とりわけ若い女性が感染した病であった。当時の教育理念にもとづいて、中産階級の女の子は幼い頃から薄暗く、じめじめした、風通しの悪い住居に閉じこもる生活を強いられ、運動不足と、肉の少ない食事を甘受しなければならなかった。他方、庶民の家庭に生まれた女の子たちは、早くからきつい家事を引き受け、また工場での労働や農作業に駆り出されたのである。結核は、社会的には階級間の貧富をあからさまに露呈し、性別としてはとりわけ女性に襲いかかった病であった。

結核は致命的ではあったものの、長いあいだ潜行し、しだいに身体を蝕《むしば》んでいく緩慢な病気だったから、患者にはみずからの身体がこうむる変化を見きわめ、ときにはそれを記録するだけの猶予期間が残されていた。その意味で、結核はひとつの生の形式をもたらす病でもあったのだ。スーザン・ソンタグは『隠喩としての病い』のなかで、さまざまな隠喩に飾りたてられ、固有の表象をまとうようになってしまった病として、十九世紀の結核と二十世紀のガンを論じている。医者も含めて当時の人々の考えによれば、結核は単なる身体の病理ではなく、同時に心的、感情的な素因に由来する病理にほかならない。失望、悲しみ、心の痛手などに苦しむひとたち、そしてとりわけ激しい情熱に捉えられているひとたちこそが結核に蝕まれる、というのだ。

患者の青白さや衰弱は、内に秘められた強い情念や欲望に焼き尽くされている証拠であり、ぎらぎら輝く目や、赤みをおびた頬は自己を滅ぼす魂の炎にほかならないとされた。強い情念は恋の情念であるかもしれず、また芸術創造への情念かもしれない。結核という病が、しばしば感性を研ぎすますように作用すると見なされ、芸術や文学の世界と密接に結びつけられてきたことは否定できない。実際、イギリスの詩人キーツ、フランスの女性画家マリー・バシュキルツェフ、さらにカフカやキャサリン・マンスフィールドなどは、その創造性のなにがしかをみずからの結核に負っているかのように言われてきたのである。結核は、ロマン主義的な天才神話の形成に大きく関与した。

結核を病む者は、美しくあり続けることができるだろう。患者に特有のかよわく優雅な身体、透きとおるような肌、青白くこけた頬、けだるげに憔悴した姿などがしばしば喚起された。結核は、死に向かっての歩みと美しさが共存しうるほとんど唯一の病と言えるかもしれない。たとえばマリー・バシュキルツェフは、自分が結核に感染していることが分かってから数カ月後、その有名な日記のなかに次のように書き記す。

昨日から、私は驚くほど肌が白く、溌剌としてきれいだ。目は生き生きと輝いているし、顔の輪郭までいっそう繊細で美しくなったように見える。もう誰にも会えなくなったときにこんなふうになったことだけが残念でならない。こんなことを言うのは馬鹿げているけれど、私は半時間もうっとりと鏡で自分の顔を見つめていた。[*20]

幻想的な美しさや、夭折する天才と分かちがたく結びついていた結核は、患者の生を霊化し、身体をほとんど非物質化する病でもある。そのとき、結核は一種の神秘主義にいたる途を用意することになるだろう。その一例は、ゴンクール兄弟の小説『ジェルヴェゼー夫人』（一八六九）に見いだされる。病を癒すために転地療法を勧められて、パリからローマにやって来たヒロインは、イタリアの首都の宗教性に浸り、やがて世俗的な現実から離れた「崇高さ」に近づいていく。

衰弱ゆえに痩せ細り、筋肉が減少、消耗し、目に見えない病による損耗のせいで肉体の死が徐々に始まり、身体がますます非物質化したせいで、彼女は、宗教的な愛に特有の聖なる狂気や幻想的な喜悦のほうに向かってつねに高まっていった。ジェルヴェゼー

ルイ・リデル（1866年生まれ）の「最後の花」（1900）と題された作品。死期の遠くない結核患者が、親しい友と最後の船遊びをしている場面である。胸を病む若い女性は、もはやみずからの体をささえる力もないが、それにもかかわらず美しさを失わず、その肌はまとっているドレスに劣らず白い。結核を霊化しようとしたロマン主義神話のあざやかな例である。

夫人をそのような状態へといざなう病の影響は、もうひとつあった。身体の粗雑で卑しい器官を冒す病気、汚染された物質をもちいたときのように病人の精神や想像力や体液の働きまで鈍らせ、汚してしまうような病気とは逆に、人間の高等で上品な部位を冒すこの結核という病は、患者の心のなかに、なにかしら高貴で、やさしく、しんみりしたものを生じさせる性質、ものごとを好意的に、美しく、理想的に見るための新しい感覚を生じさせる性質を持っている。それはいわば人間らしい崇高さの状態であり、ほとんどこの世のものとは思われないほどである。[*21]（第九十三章）

神秘性、存在の霊化、宗教的な法悦の高まり、やさしさと優美さ、新たな感覚の芽生え――この一節には、結核をめぐって十九世紀ヨーロッパの表象体系が紡ぎだした主要なトポスが鮮やかに語られている。やがて、宗教的な危機からの救済を求めて、ジェルヴェゼー夫人はローマ法王に会ってもらう許可を得るが、謁見室に向かう途中で喀血して息絶えるだろう。結核は、まさしく殉教者の病にほかならなかった。

謎の病——萎黄病

当時、とりわけ女性に特有の病と見なされていた疾病がふたつある。萎《い》黄《おう》病《びょう》（chlorose）とヒステリーである。

萎黄病というのは聞きなれない名称だが、一種の貧血症で、顔の血の気が失せて青白くなる（当時はしばしば「緑色がかった verdâtre」と形容された）病気である。現象としては古代から知られていたが、《chlorose》という言葉自体はそれほど古いものではなく、モンペリエの医師ジャン・ヴァランダールが一六一五年に用いたのがはじめとされる。婉曲的に「青白い顔色 pâles couleurs」とも呼ばれ、とりわけ思春期の娘たちを悩ませた病であった。

ジャン・スタロバンスキーによると、[*22] 萎黄病をめぐっては、歴史的にさまざまな所見が提出されてきた。古代のヒポクラテス医学の伝統に与する者たちは（そこには十六世紀フランスのアンブロワーズ・パレも含まれる）、この病が月経異常に起因すると見なした。月経異常のために血液が体内に滞《とどこお》り、ときには腐敗してしまうために、女性の生理が機能不全に陥るという考え方である。治療法として勧められたのは、結婚であった。

またある者たちによれば、病はナルシスティックな虚栄心や、告白しがたい愛の欲求から生じるもので、体液の過剰が原因とされる。したがって、もともと貧血性の女性たちに瀉血《しゃけつ》するという、現代では想像もつかないような処置がほどこされた。他方、十八世紀から十九世紀初めにかけて優勢だったのは、萎黄病の原因を女性の生殖機能や体液の異常に見るのではなく、消化不良に見るという理論である。すなわち病の中枢が子宮ではなく、胃にあるとしたのである。

この病が貧血の一種であり、人体の活力の希薄性を示すものであり、鉄分の不足がおもな原因だとする学説が流布するのは、十九世紀の半ば以降のこと。「貧血 anémie」という用語は、一八四三年にアンドラールによって正式に採用された。『医学百科事典 Dictionnaire encyclopédique des sciences médicales』（全百巻、一八六四―八九）に掲載されている「萎黄病」の項目（第十六巻、一八七四）は、この流れを確認させてくれる記述になっている。すなわち、この病は貧血であり、顔色がきわだって青白くなり、ときには古いロウを思わせるような黄色に変わっていく。「萎黄病は女性に特有の病で、まだ月経の始まっていない少女、あるいは不十分に、かつ不規則に月経をみる若い女性に現われる」[*23]。もっとも発生する頻度が高いのは、十五歳から二十歳にかけてである。症状としては月経困難、神経症、めまい、摂食障害、循環障害などが見られる。

若い女性の神秘性、女性に特有の病理、血液や生殖との関係。萎黄病は、男たちが女の身体をめぐってさまざまに紡いでいた幻想や表象に、恰好の材料をもたらしたように思われる。そこには、透きとおるような肌合いの、どこかしら病的で憔悴したようなさまの女性が男たちの情熱をかきたてたという、ロマン主義的な神話も大きく関与しているだろう。作家たちは、この病理にそなわる文学的な象徴性に無関心ではいられなかった。ボードレールの『悪の華』（一八五七）に収められている作品「理想」には、次のような詩句が読まれる。

萎黄病専門の詩人、ガヴァルニにまかせておこう、
施療院の美女たちの囀《さえず》る群などは。
というのも私は、これら蒼ざめた薔薇たちのあいだに、
真紅なるわが理想に似かよう花を見出し得ぬゆえ。（阿部良雄訳、文脈にあわせ一部改変）

萎黄病は、美しい女性の一タイプを示す隠喩になっているが、しかしそれは詩人ボードレールが称賛するタイプではない。萎黄病をわずらう青白い女よりも、赤い血の豊饒さを想起させる女を好むというのだから。「真紅なる理想」を求める彼にとって、「蒼ざめた薔

薇」は対照的な色彩によってその理想を際立たせる、引き立て役にすぎない。ここでは病のイメージが、詩人の美的感性を表明するためのレトリックとして援用されているのである。

医学の知にふかく染まった自然主義の作家たちは、若い女性の青白い皮膚や、衰弱したさまや、男にとって謎めいた神秘性をしばしば説話化した。ゴンクール兄弟は、現代の「乙女 la jeune fille」を発見し、文学のなかで形象化したのは自分たちが最初であると自負していたが、実際、『ルネ・モープラン』（一八六四）や『ジェルヴェゼー夫人』では、裕福なブルジョワ階級に生まれた女性たちの、いかにも貧血症的な身体を描いてみせた。弟ジュールの死後、兄エドモンがひとりで執筆した作品『シェリ』（一八八四）は、「乙女についてのモノグラフィー」、「第二帝政下の公的世界に生きる乙女の研究」であり、「女性という存在の内面的な女性性 féminilité」（「序文」）を語ろうとした小説だ。ゴンクール兄弟は、若い女性の身体とその生理に絶えず魅せられていた。

血と遺伝の問題に取り憑かれていたエミール・ゾラが、この病理に無関心だったはずはない。『ルーゴン＝マッカール叢書』第二巻『獲物の分け前』（一八七一）では、主人公サカールの最初の妻アンジェル、彼らの娘クロチルド、サカールの妹シドニーをめぐって、「青白さ」の主題がさまざまに変奏されている。「アンジェルは萎黄病をわずらう女にありがちなように、貧乏生活を無気力に受け入れていた」。やがて「アンジェルは衰弱し、幼いクロチルドは顔色が悪くなっていった」。シドニーと言えば「小柄で痩せこけており、顔が蒼白で（中略）からだ全体がしなびたようになり、（中略）肌の色は公文書用紙のように、不健康な青白さをおびていた」[*24]。そしてアンジェルは、蒼白と消滅の雰囲気のなかで息絶える。

> アンジェルは夫から目を離さずに、しずかに息を引きとった。そのまなざしは青ざめていくにつれて、いっそう優しさを増した。そして最後の息を吐くとともに、夫を許したのであった。アンジェルはそれまで生きてきたのと同じように、無頓着に死を迎えた。生きているあいだもすでに消え去っていた彼女は、今や死のなかに消え去ったのである。[*25]

十九世紀の文学テクストにおいて、萎黄病を想起させる蒼白さは、女性の身体の脆弱さや病理、すなわちその宿命を象徴する記号にほかならない。

蒼白、青白さは、結核と萎黄病に共通して観察される病理的な症状である。先に触れた『医学百科事典』で結核と萎黄病の項目を執筆したパロは、ふたつの病の関係を強調することを忘れはしなかった。神経過敏、不眠、憂鬱、気まぐれな食欲などの現われは、両者を近づける症候にほかならない。萎黄病がしまいには結核に変質していく、あるいは、それが女性の結核感染の主たる原因であると考える医者もいたという。

だが、パロの記述のなかでもっとも興味深いのは、彼が萎黄病と「ヒステリー」の類似性を指摘している部分であろう。蒼白さの病は、感覚のヒステリーにきわめて近い。両者はしばしば交差し、結びつくので、そのあいだにはっきりとした境界線を引くことは容易なわざではない。どちらも思春期に現われる病である、とパロは言明する。

この思春期という時期は、女性にとって決定的に重要な時期であり、女性の肉体的、精神的な健康の未来がそこにかかっているくらいである。この時期に、ことが申し分なく運ばず、有害な原因が生じて不安定なからだに突然おそいかかり、ショックをあたえ

> たりすれば、からだには障害をきたし、きわめて多様な神経症の徴候が引きおこされることになろう。[*26]

要するに、萎黄病は血の病と神経の病の接点に位置する病理と考えられているのだ。当時の医学風土において、貧血とヒステリーの径庭はけっして大きくない。女性にあってはあらゆる病が、その身体と精神に本質的につきまとう病理現象として複合的に結びついていた。まさしく、女は病人にほかならなかったのである。

ヒステリー。それは十九世紀後半における西洋の女性たちの身体と心理を解明する上で、決定的に重要な病である。そしてまた、当時の社会的想像力がつくりあげた女性をめぐる表象において、避けがたい構成要素でもある。女はつねに病気であった。とりわけ、ヒステリーの脅威にさらされていた。

広い意味での神経症のひとつであるヒステリーは、精神的な原因により知覚麻痺、痙攣《けいれん》といった身体的症状、健忘症、虚言といった精神的症状をおこす疾患である。その語源は子宮を意味するギリシア語「ヒステリア」であり、ヒポクラテスはヒステリーを「体内で子宮が動きまわる病気」と考えていたという。このことからも分かるように、ヒステリーは長いあいだ女に特有の病とされ、それがさまざまな意味で逸脱した女たちを社会空間か

アンドレ・ブルイエ「サルペトリエールにおけるシャルコー博士の講義」(1886)。シャルコーがヒステリー患者を見せながら、臨床医学的な説明をしている［上］。シャルコーが分析した「大ヒステリー」の一段階［下］。

ら排除するために利用されたのであった。十九世紀後半になって、フランスの精神病理学者ジャン＝マルタン・シャルコーが、はじめてヒステリーの諸症状を体系的に分類、記述することによって、ヒステリー解明に向けての大きな一歩を踏み出す。一八六〇年代から、すでに神経病理学の領域で多くの業績をあげていたシャルコーは、サルペトリエール病院で七〇年代から本格的にヒステリー研究を始めた。そして毎週火曜日にサルペトリエール病院で行なわれた臨床講義では、実際にヒステリー患者を登場させて、発作を起こしている女性の身体を男たちの視線にさらしたのである。[*27]

臨床講義は公開だったから、シャルコーの弟子ばかりでなく、当時の作家や芸術家たちが数多く臨席したという。弟子の一人にウィーンから来ていた若きフロイトがおり、シャルコーの研究に示唆を受けながら、しかし師とは異なり心因説にもとづいて、ヒステリーの原因を患者の幼年期の精神的トラウマに求めることになる。それがやがて精神分析理論に結実していくことは、周知のとおりである。またサルペトリエール病院に足を運んだ文学者のなかにはゾラ、ユイスマンス、モーパッサン、ミルボーなど自然主義作家たちの姿もあり、女性の身体と精神をめぐる彼らの妄想を刺激してやまなかった。[*28]

かくして世紀末にヒステリーが流行し、ほとんど一種の社会現象となる。女性がわずらう病理や、女性が引きおこす違反行為と犯罪の多くが、ヒステリーによって説明される。女性は繊細な感受性と、高貴な感情をそなえているからこそ、この病から逃れられない。女をやさしい娘にし、良き妻にし、愛情あふれる母にする特質そのものゆえに、女はヒステリーに冒される。その意味で、ヒステリーはまさしく「女らしさ」が宿命的に背負う病にほかならない、とされたのである。それが男性をも襲う病であると、臨床的な所見にもとづいて主張する医師たちもいたが、彼らの主張に耳を傾けるひとは少なかった。現代の感覚からすれば、女性の生理と行動のいたるところに、不必要なまでにヒステリーの痕跡を読みとろうとした世紀末という時代のほうが、ヒステリーという病理そのものよりもよほどヒステリックに思われるのだが……。いずれにせよその蔓延ぶりは、モーパッサンをして次のような揶揄的な文章を綴らせたくらいである。

ヒステリー患者、これが現在しきりと人々の口にのぼる言葉だ。あなたは恋をしてい

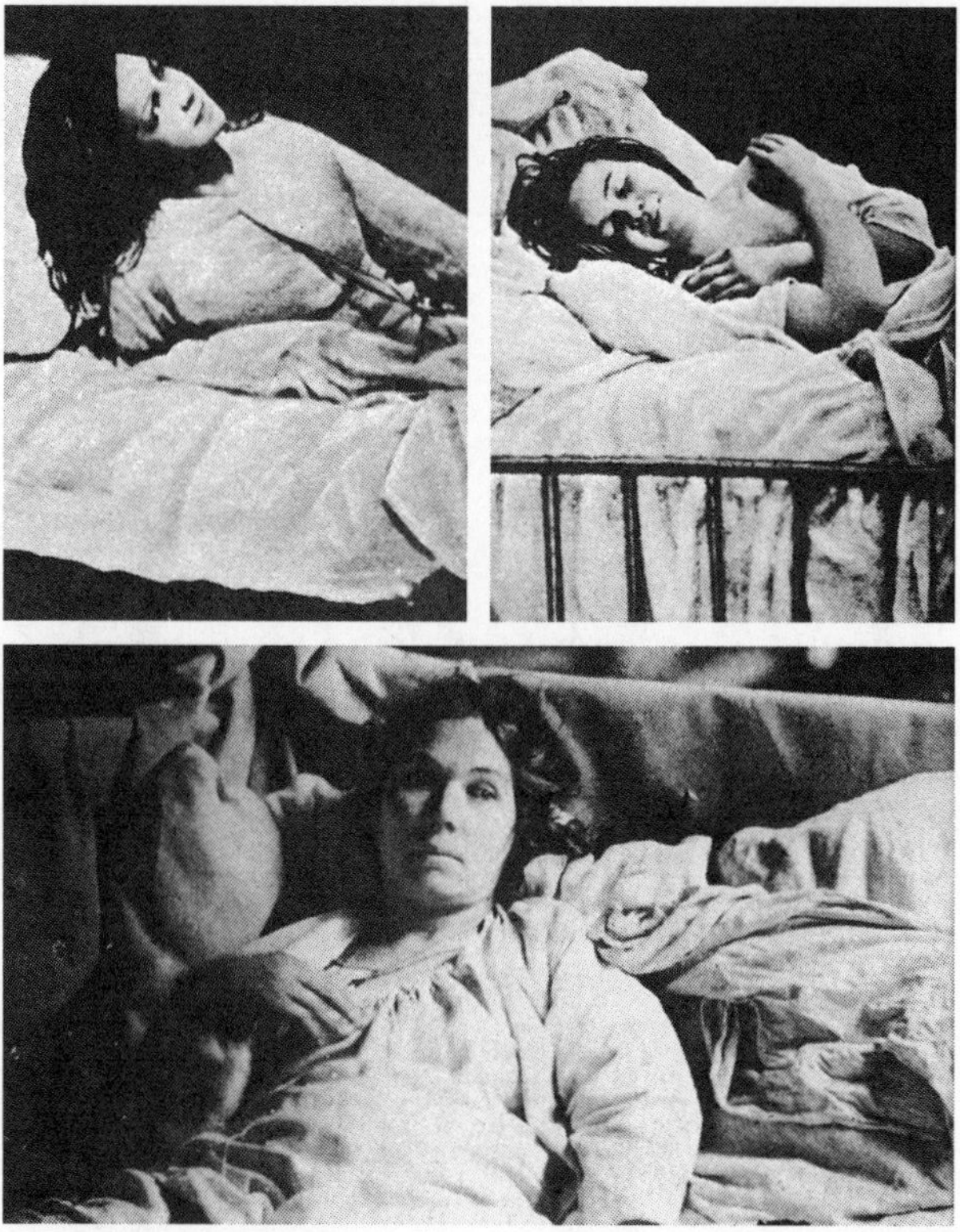

サルペトリエール病院の患者のひとりであったオーギュスティーヌ。レイプにあったこの 16 歳の少女は、そのトラウマゆえに何度もヒステリーの発作を起こしたという。「女の病」とされたヒステリーに襲われる彼女を撮ったこれらの写真には、たんなる医学的なまなざしだけでなく、女の身体を対象化する男の好奇心が感じられる。

るですって？　するとあなたはヒステリー患者だ。同胞のひとたちが感じる情熱に無関心ですって？　するとあなたはヒステリー患者、貞淑なヒステリー患者だ。夫を裏切っているですって？　するとあなたはヒステリー患者、官能的なヒステリー患者だ。お店で絹の布切れを盗むですって？　ヒステリー患者だ。何かにつけて嘘をつくですって？　ヒステリー患者だ！（中略）あなたはこうであり、ああであり、要するに、世界の初めからあらゆる女性がそうであったような人間にすぎないですって？　ヒステリー患者、ヒステリー患者だ！　ということになる。かのシャルコー博士、ヒステリーの偉大なる司祭にして、病室でのヒステリー患者の養育者であるかのシャルコー博士が、その模範的な施設サルペトリエール病院で、多額の費用をかけて数多くの神経症の女たちを養うようになって以来、われわれはみんなヒステリー患者なのである。博士はその女たちに狂気を植えつけ、またたく間に悪魔に変えてしまう。（『ジル・ブラス』紙、一八八二年八月十六日）[*29]

実際、ヒポコンデリー（心気症）が男の病とされたように、ヒステリーは文学的表象の場においても、もっぱら女の病理であった。

ユイスマンスの『停泊』（一八八七）は、ジャック・マルルと、謎めいた病に冒されているその妻ルイーズが、窮乏に陥ったために田舎に住む伯父のところに寄寓するという物語である。その謎めいた病がヒステリーであるということを、読者は第六章で知らされることになる。ある日の朝、近くの野原を散策してから部屋にもどってくると、ルイーズは青ざめて椅子に崩れ落ちてしまう。

> 突然、彼女はみじかい叫び声を上げ、蹴合術の名人がするように筋肉を弛緩させて右足を前に投げだした。
>
> ジャックは妻をベッドに運んでやったが、そこでもまだ足の蹴り上げは止まず、数分ごとに繰り返され、そのとき叫び声がまず出るのであった。電気ショックに似た痛みが脚のなかに走り、やがて火花が撥ねた後のように消え去り、太股に沿ってふたたび痛みがもどり、急激な放電となって新たに爆発した。(中略)
>
> ジャックは物思わしげに妻をじっと見つめた。妻のほうは顔を枕に埋め、そのからだは氷のように冷たくなって、シーツのなかで波打っていた。[*30]

この「神経の狂気」、「神経の病」はいつからともなく始まり、はじめはルイーズの肉体だけに襲いかかっていたのだが、やがて心の基盤までも蝕んでしまう。発作を起こしたときのルイーズはあらゆる意志と理性を失い、苦痛にうちひしがれてしまうのだ。もちろん二人はいろいろな医者の診断を仰いでみた。ある医者は子宮筋層炎であると言い、またある医者は不治の病理であると主張したが、誰ひとりとして正確な処方をくだした者はいなかった。ルイーズの病の原因はいたるところにあるように見えながら、しかしどこにも同定できず、医師たちは途方に暮れてしまう。痛みを和らげるために鎮痛剤やモルヒネを勧める医者がいれば、抵抗力を増すためにと強壮剤を処方した医者もいたが、いずれも効果がなかったのである。制御できない病を前にして、ジャックとルイーズは絶望的な無力感を覚えるしかない。

四年後に刊行された同じユイスマンスの『彼方』（一八九一）には、サルペトリエール病院、シャルコーが観察したヒステリー性癲癇《てんかん》の女性たち、そしてシャルコーとナンシー学派のベルネームとの論争などへの言及が読まれる（第九章）。主人公デュルタルの友人デ・ゼルミーは、ヒステリーに関するシャルコーの業績を認めつつも、霊魂という次元を介入させなかったためにそれが不完全なものに止まっていると糾弾する。

シャルコーはヒステリーの発作の段階を非常に詳しく研究して、途方もない情欲的な態度や道化た行動を記述した。そしてまた、女を色情狂にする身体の部位を発見し、卵

> 巣に巧みな操作を加えて、発作を助長したり抑制したりすることができた。しかし、発作を予防し、根源や動機を探り、病気を治癒させる点については、まったく無力だ。この説明しがたい驚くべき疾病については、すべてが失敗に終わった。したがって、種々雑多な解釈が行なわれているが、ひとつとして正しいと思われるものがない。なぜならば、この問題には霊魂が介在しているからだ。肉体と争っている霊魂、神経の狂乱のために動転した霊魂があるからだ。[*31]（田辺貞之助訳。以下についても同様）

しかし『彼方』のなかでもっとも衝撃的なのは、デュルタルが立ち会う黒ミサの場面であろう。神秘主義、オカルティズム、悪魔崇拝など怪しげな主題をめぐるエピソードがちりばめられているこの作品にあっても、破戒僧ドークルが大司祭となってヴォジラール街の屋敷で催す黒ミサの儀式は、陶酔と戦慄が頂点に達する場面である（第十九章）。そこでは、女性たちを捉える宗教的な法悦状態が集団的なヒステリー、あるいは狂気の発作として示されている。

> デュルタルは思わず身をふるわせた。狂乱の嵐が堂内を動揺させたからである。冒瀆につづいて、すさまじいヒステリーの疾風が巻きおこって、女たちを吹きたおした。

ある女は、ドークルによって汚された聖体のパンにかじりつき、別の女はキリスト磔刑像の上にうずくまって、狂ったように笑う。ある老婆は髪の毛を掻きむしり、飛び上がってぐるぐる回転し、その近くにいた娘は痙攣に身をよじらせながら、聞くに耐えないような暴言を吐きちらす。

その有様は、一室に監禁された脳病院の患者が、いっせいに騒ぎだしたか、売春婦と狂女が蒸風呂にはいったかのようなすさまじさであった。そのかたわらに、合唱隊の童子らが男たちとひとつになっているかと思うと、この家の女主人が裾をまくって、祭壇にのぼり、片手でキリストの陽物をつかみ、片手で、聖餐杯を露出した腿の下へ押しこんだ。また、礼拝堂の奥の暗いところでは、そのときまで身動きしなかったひとりの少女が、突然四つん這いになって、犬のように激しく吠えたてた。[*32]

引用文の冒頭に見られる比喩は、きわめて示唆的である。ヒステリー状態に陥った女たちは、狂人や売春婦と同列に置かれているわけで、ヒステリーと、精神の病と、性的な逸脱がいずれも規範と秩序にたいする侵犯として捉えられているのだ。ヒステリーの女は、単にヒステリーなのではなく、同時に精神に異常をきたした色情狂でもある、というわけである。となれば、ヒステリーを子宮に関係づけ、したがって女性に特有の病理現象だとしていた十九世紀において、女性はつねに狂気や性的逸脱の危険にさらされていたということになるだろう。ヒステリーは一部の女性たちに取り憑く特殊な病理現象ではなく、潜在的にあらゆる女性たちを脅かす病理なのだ。

　現代であれば、このような欺瞞的ディスクールをあざ笑うことはたやすい。しかしヨーロッパで長いあいだ、女性の病と性的逸脱をほとんど短絡的に結びつけようとする議論が、根強く瀰漫《びまん》していたことは記憶に値しよう。引用したユイスマンスの一節は、そのことをはしなくも間接的に証言するテクストである。ヤニック・リーパの『女性と狂気』によれば、狂気ゆえに罪を犯した場合、男であれば警察当局に送られ、医師の鑑定を経て監獄に入ることになるのだが、他方、女であれば、まず病院に入れられたという。つまり、男の狂気は司法と医学の問題だったのにたいし、女の狂気はもっぱら医学の対象にすぎなかったということである。女の精神と身体は、何よりもまず医学のまなざしが向けられる対象だった。

　オクターヴ・ミルボーの『責め苦の庭』（一八九九）においても、ヒステリーの発作と性的興奮が連動させられている。その第二部は中国を舞台にし、そこに暮らすヨーロッパ人の生態をとおして、世紀末西洋のデカダンスを描き、幻想的な中国をつうじて崩壊する世界を語っていく。そのなかで、淫靡《いんび》な魅力をただよわせる女主人公クララは倒錯的なエロティシズムのなかに身を沈めていくのだが、エロスとタナトスのせめぎあいを象徴的に表わしているのが、クララのヒステリーなのである。ある徒刑場を訪れ、船で町にもどる途中、彼女はおそろしい発作に襲われる。

　クララは暴れだした。すべての筋肉が硬直し、ひどく盛り上がり、そして収縮した……。嵐のせいで破損した船体の板の継ぎ目のように、関節がみしみし音をたてた……。恐ろしい苦痛、声に出ないだけにいっそう恐ろしい苦痛の表情が、彼女の引きつった顔に浮かび上がり、庭の鐘の下に横たわる拷問を受けた者たちの顔を想わせた。その目と言えば、なかば閉じ、まばたきする瞼の間から、白みがかったかすかな一筋の線が見えるだけであった……。そして唇にはかすかに泡が浮かんでいた。（中略）
　最後にふたたび痙攣すると、クララのからだは踵から首すじまで弓なりになった……。皮膚が緊張して震えた。それから、発作はしだいに鎮まった……。筋肉がゆるみ、もとの位置にもどると、クララは疲れきってベッドに倒れこみ、その目には涙があふれていた……。[*33]

ユイスマンスやミルボーの描写は、驚くばかりに正確であり、シャルコーがサルペトリエール病院で撮らせたヒステリー患者の写真を想起させずにはいない。世紀末フランスの作家たちにあっては、女性特有の病とされたヒステリーは、狂気とエロスと倒錯がないまぜになった病理、この上もなく退廃的な病理にほかならなかったのである。

第2章　見つめられる女たち

禁じられた公的空間

法的、政治的に、男女のあいだにあからさまな不平等が存在していた時代に（たとえば十九世紀の女性たちは、参政権を持たない）、身体の表象という点でも男と女は異なる状況におかれていた。マルセル・モースの言葉を用いるならば、「身体技法」もまたジェンダーの論理から自由ではありえなかったということである。

しばしば言われてきたように、十九世紀のヨーロッパは、産業革命にともなって工場で働く大量の女工たちを生み出すと同時に、他方では、ブルジョワジーの女性たちを私生活空間のなかに閉じ込めようとした時代である。「男は仕事に、女は家庭に」という表現に代表される性別役割分担は、農民や労働者の女性たちには無縁の話であり、もっぱら上流・中流階級の女性たちに適用されたイデオロギーであった。ブルジョワ男性たちは、みずからの妻や娘たちを家庭空間のなかに幽閉し、さまざまな社会的混乱から守ってやり、彼女たちにひたすら妻であり、母であり、娘であることだけを求めた。女性たちに許されていたのは、音楽、読書といった趣味、同じ階層に属する女性たちとの交際、あるいは宗教的なお勤め、慈善奉仕などの活動であり、職業をもつことは禁じられていた。妻を養ってやること、妻に働かせることなしに家計を維持するのが、男性の義務だったからである。

したがって、ブルジョワの女性たちが公的空間に姿を現わすことは稀であった。政治、軍事、法律、司法、医療などの領域は男性が独占する領域であり、女性たちの社交の場といえば、デパートや、ティーサロンや、教会だったのである。公的空間に現われる数少ない機会には、目立たぬ振る舞いをするよう要請されていた。そこでは、礼儀作法という社会コードの名において、さまざまな拘束が女性の行動をしばる。衣服の面では、女性にふさわしいとされる衣服をまとわなければならず、半ズボン（キュロット）を着用することは第一帝政時代（一八〇四―一四）に法令によって禁じられたほどである。公衆の面前でタバコを吸うことは論外であり、葉巻やタバコをくゆらせるのは男性の特権となった。

身体とより密接な関係をもつ規定としては、外出するとき女性は帽子を被るか、少なくとも髪の毛を編んで固定しておかなければならなかった。キリスト教道徳によって女性の虚栄心の象徴とされた髪の毛を露出することは、公衆の礼儀に反する身振りであり、長い

パリのデパート「プランタン」の内部を描いた1905年の版画［右］。ちなみに、「プランタン」をはじめフランスの代表的なデパートのいくつかは、第二帝政期に創立されている。
ジャン・ベロー（1849-1935）の「ケーキ屋グロップ」（1889）［上］。「グロップ」はシャン＝ゼリゼ大通りにあったケーキ屋兼ティーサロン。ブルジョワ階級の女性たちにとって恰好の社交場であった。ベローは19世紀末から20世紀初頭にかけて人気を博した風俗画家で、当時のパリの世相をあざやかに描いている。

正装した男たちと贅沢なドレスをまとった女たち。ブルジョワジーの生活において、邸宅で催される夜会はきわめて重要な出来事であった。ジャン・ベロー「舞踏会」(1878)［上］と、ジェームズ・ティソ「社交界の女性」(1883-85)［左］。ティソはフランス生まれだが、おもにロンドンで活躍し、イギリス上流社会の風俗を多く描いた画家。

髪を振りほどくのは親しい者の前でのみ許される行為、あるいは意図的に行なわれる行為であった。当時の小説のなかで、女性が愛する男の前でその豊かな髪を露呈したり、ときにはその一部を切り取って男にさしだすというのは、したがって女性の側からすれば大きな愛と献身のしるしにほかならない。スタンダールの『赤と黒』（一八三〇）では、侯爵令嬢マチルドが恋人ジュリアンに「永遠の服従のしるし」として片鬢を切り落としてあたえるので、髪を結えなくなってしまう。また、フローベールの『感情教育』（一八六九）のエピローグでは、アルヌー夫人が自分の髪をハサミで一房切って、自分を愛してくれたフレデリックに渡すという有名な場面が語られている。

公の場所にあからさまに姿態をさらすことは、貞節をわきまえた淑女にはふさわしくない行為だったのである。徒歩で街路を通ることは勧められることではなく、少なくとも馬車に乗ることが求められた。公のものと女らしさは、たがいに相容れなかった。当時のフランス語で「公的女性＝femme publique」と言えば売春婦のことであり、公的空間は女性の倫理性にとってはつねに危険な空間、脅威にみちた場にほかならない。女性は、私的な空間、プライヴァシーのなかにとどまるべき存在だったのである。

当時の女性は屋内に身を置き、内部に棲息する。屋外や外部は、女性にとって親しい空間ではない。そのことをよく示しているのが、十九世紀の絵画であろう。上流階級やブルジョワジーの女性たちを描いた作品は、多くの場合において室内画である。肖像画においては、女性はひとりで、あるいは家族と一緒に部屋のなかでくつろいでいる姿を描かれるのが通例であるし（マネやルノワール）、風俗画においては、あるときは夜会や舞踏会の場で、またあるときはオペラ座や劇場のボックス席で夫や恋人とともに描かれている。たとえばフランスに生まれ、イギリスで活躍したジェームズ・ティソや、世紀末からベル・エポックにかけてもてはやされたジャン・ベローの作品には、艶やかなドレスに身を包んだ女性たちが、正装した男性たちに付き添われながら贅沢な邸宅のなかに姿を見せる。淑女は、大気や太陽の光線を好まないのだ。

だからこそ逆に、同じジャン・ベローの「待ち合せ、パリのシャトーブリアン通り」と題された一枚の絵は、見る者にどこかしらミステリアスな困惑を感じさせる。絵の前景には黒い衣服にきっちりと身を包み、黒い帽子を被り、さらには黒い手袋までした女性が、赤いパラソルを手にしながら歩道の上にたたずんでいる。帽子のためになかば隠れたその横顔からは、女性の表情をうかがい知ることはできない。何のためにそこにいるのだろうか。「待ち合せ」というタイトルなのだから、誰かを待っているのだろう。現に、通りの向こう側には、やはり黒いいで立ちの男がひとり街灯のそばに立っている。その姿は小さくて、男の表情はもちろん分からない。しかし通りを挟んで、いましがた女と男のあいだに言葉を介さずに、取り引きを決めるまなざしが交わされたのである。二人以外に、通りに人影はまったくないのだ。

　この絵が見る者の心をかき乱すのは、一見したところ売買春といういかがわしい交渉を明示するような符牒がないからである。女の身だしなみはまったく申し分ないブルジョワ女性のそれであり、時は日中、しかも場所はシャトーブリアン通りという凱旋門にほど近い住宅街である。その舞台装置は、男の欲望と女の身体が金銭を媒介にして交換されるというメカニズムからは無縁であるように思われる。この作品が売買春を表現しているのは、とりもなおさずある女が男性（父、夫あるいは兄弟）や下女に付き添われることなく、たったひとりで、道端という流通と循環の空間にたたずんでいるからなのだ。娼婦とは、公的な空間で、匿名の不特定な人間たちを相手に流通する女のことである。だからこそ、絵のなかで男の顔は示される必要がないのだ。ひとや、ものや、乗り物が通りすぎてゆく道に、女がひとり立ちつくすことは、十九世紀のブルジョワ道徳からすれば、それだけでスキャンダラスな匂いを放っていたのである。

ジャン・ベロー「待ち合せ」（製作年代不詳）ブルジョワ女性が白昼、ただ一人で街角にたたずむのは、なぜスキャンダラスなのか？

見ることに淫した時代

十九世紀の社会的想像力においては、女はつねに見られる存在であり、見る存在ではない。とりわけ女の身体は男たちによって見つめられる客体であり、女のまなざしが男の身体を注意深く凝視することはほとんどない、と言ってよい。そのことを当時の文学作品はあざやかに証言しているように思われる。そこでは、見る／見られるという主体／客体の役割分担の論理が、きびしく貫徹されているのだ。

性愛にまつわる現象は、文学のなかでどのように表象されてきたのか。支配的な潮流となる文学ジャンルや表現形式は時代によって異なるから、それだけでも優に一巻に値するテーマであろう。

いま十九世紀以降の文学にかぎって言えば、工藤庸子も指摘するように、[*1]ロマン主義文学は主として「恋」を語り、フローベール、ゾラ、ゴンクール、モーパッサンなどレアリスム作家が身体的なものに着目し、二十世紀に入ってから「性」の領域が正当な市民権を得た、という見取り図を提出することが可能だろう。フランス文学に関するかぎり、フローベールの世代が「身体」を発見したとまでは断言できないにしても、少なくとも彼らの作品において初めて、身体とそれにまつわる現象（感覚、欲望、快楽、病理など）が、感情や心理と同じくらいに、あるいはそれ以上に根源的な出来事として語られるようになったのである。もちろん、性的なタブーがほとんどなくなった現代と違って、十九世紀にはさまざまな規範とタブーが人々のセクシュアリティを規制していた。その規範とタブーをあるときは巧妙にかいくぐりながら、またあるときはそれに敢然と挑戦しながら、十九世紀後半の文学は身体をきわめて意識的にテーマ化したのである。

　産業革命を実現した十九世紀という時代は、それにともなって都市化を推しすすめ、人口の都市集中を招いた。近代都市の空間構造は、そこを往来し、そこに住むひとたちのまなざしを刺激して止まず、絶えず誘惑的なスペクタクルを提供しようとする。都市においては、すべてが潜在的なスペクタクルなのである。かくして、新しい視覚文化のさまざまな形態が登場し、人々の支持を得ることになるだろう。旅行記にはリトグラフィーによる風景版画が添えられ、木版画による美しい挿絵を掲載した『イリュストラシオン』のような新聞・雑誌が創刊され、国内や外国の風光明媚な土地のようすを巨大なパネルに映しだすジオラマやパノラマといった見世物が観客を喜ばせ、一八三〇年代に誕生した写真は、人々の肖像や、パリの町並みなどを映しだす。

　そして産業革命と視覚性の結びつきをもっともよく示しているのが、何といっても万国博覧会であろう。国内で生産されるあらゆる種類の産物・製品と、外国の産業や風物を一堂にならべた万国博覧会は、技術、もの、そして習俗を人々に知らしめようとする、教育的なねらいをもった一大イヴェントである。一八五五、一八六七、一八七八、一八八九、一九〇〇年と十九世紀後半に五回にわたって万国博覧会を開催したパリは、まさしく万博都市にほかならなかった。

このように見ることを特権化し、見ることに淫していた十九世紀にあって、文学と美術もまた、女性を「見られる存在」として提示するさまざまな装置を配列し、いわば女性そのものをスペクタクル化しようとした。具体的に言えば、窓、バルコニー、舞踏会、夜会、劇場、オペラ座、競馬場、海岸などである。

窓とバルコニーは、特定の女性の姿態が際立つ装置であるのにたいし、舞踏会と夜会は閉じられた空間のなかで、かなり多数の女性たちの身体が視線にさらされる。劇場やオペラ座は、そこでスペクタクルが演じられると同時に、そこに集う男女、とりわけ女性が、他の観客たちの視線をあびる場所でもある。ドーミエやガヴァルニは劇場のボックス席にいる女たちの姿をしばしば描き、バルザックの『イヴの娘』（一八三八）をはじめとするいくつかの作品は、観客どうしのあいだに交わされる心理的ドラマを喚起している。また、フローベールの『感情教育』で語られているシャン・ド・マルスでの競馬、ゾラの『ナ

メアリー・カサット「オペラ座の黒服の女」(1879頃)［左］、ガヴァルニ「桟敷席」［下］。劇場はスペクタクルが演じられる場であると同時に、観客（とりわけ女性）が他の観客たちから見られる空間でもあった。19世紀の画家が劇場やオペラ座の観客たちをしばしば描き、観客席で繰りひろげられる男女のドラマを喚起したのは、偶然ではない。カサットの絵では、オペラグラスで舞台を見つめる女性に向こう側のボックス席にいる男がオペラグラスを向けている。

ナ』（一八八〇）で描かれているロンシャン競馬場のエピソードでは、高級娼婦や囲われ女たちが、男たちの欲望と羨望のまじった視線を向けられる。そして、プルーストの『花咲く乙女たちのかげに』（一九一八）のなかで、語り手がはじめてアルベルチーヌとその友人たちに出会うのは、バルベックの海岸でのことである。

女と窓

　窓とバルコニーは、十九世紀の女性たちの生活においてきわめて重要な意義をもっていた。それは家庭と社会を分ける境界、公的なものと私的なものを隔てる境界である。そしてまた閉鎖と解放、束縛と飛躍、部屋の内部にとどまることとその外部に脱出する夢想という、相反する営みの舞台となる小さな空間である。家庭の内部にとどまることを強いられていた当時のブルジョワ女性たちは、しばしば窓辺やバルコニーにたたずみ、自由を求めるかのようにまなざしを外に向けた。欲望をいだくことを禁じられていた彼女たちは、窓やバルコニーに身を寄せては叶わぬ願いの言葉をつぶやいたに違いない。そのような彼女たちを、外部から捉えるのが男のまなざしである。

　マネの有名な作品「バルコニー」（一八六八―六九）では、美しいベルト・モリゾが優雅な白いドレスをまとい、バルコニーに据えられた椅子に腰かけ、手に扇を持ちながら街路のほうに目を向けている。その潤んだような大きな瞳は何かを見ているのだろうが、同時に、通りを行きかう人々にとってモリゾの艶やかな姿は視線を向ける対象にほかならないだろう。通りを行きかう人々が描かれているわけではないが、モリゾはいかにも彼らのまなざしを意識しつつ、みずからの姿態をさらしているようではないか。そして絵に描かれている鎧戸がまるで額縁のように機能し、モリゾは二重の意味で絵のなかの女になっている。描かれていない通行人たちはモリゾを絵のように眺め、「バルコニー」という絵を見る者は、現代人によって美術館のなかで見られていることなどもちろん知る由もないモリゾを、心ゆくまで見つめることができるのだ。

　また、同じ印象派の画家モネも、「窓辺のカミーユ」（一八七三）や「赤い頭巾」といった、やはり窓と女の結びつきを暗示する作品を残している。実際、高階秀爾も指摘するように、窓は、ルネサンス期以降、絵画とメタファーの関係にあるものとして捉えられてきた。[*2]十九世紀においては、内部と外部という異質の空間を併置させる象徴的な細部として、窓のテーマは特殊な役割を果たしていたのである。

　ボードレールの散文詩集『パリの憂鬱』（一八六九）には、「窓」と題された詩篇が収められている。ロウソクに照らされた窓ほど、神秘的で深みのあるものはないと語り、太陽の光のしたで目にするものは、窓ガラスの背後で起こることより興味に乏しい、と述べる詩人にとっては、「この暗い、あるいは明るい穴の中に、生命《いのち》が生き、生命が夢み、生命が悩んでいるのだ」。窓は、生や夢想や苦悩を要約したかたちで提示する日常生活の装置なのである。ここでもやはり詩人の視線は、外部から窓をのぞきこんでいる。そしてパリの町の屋根越しに、ある窓から見える女性の姿から、詩人はひとつの物語さえ作りあげるのだ。

> 屋根また屋根の波の向うに、私は見かける、中年の、もう皺の寄った貧しい婦人が、いつも何かの上に身をかがめて、決して外へは出ずにいるのを。その顔から、その衣服から、その身振りから、ほとんど何でもないものから、私はこの婦人の物語を、というかむしろ彼女の伝説を作り上げたのだし、ときおり私は、それを自分に語り聞かせては涙を流す。（阿部良雄訳）

ここでは、窓から垣間見られた光景が、ひとりの女の人生を凝縮しているのである。人生のすべてを窓辺で過ごすわけではないが、その人生の重大な瞬間に窓のそばに身を置いてしまう女として想起されるのが、フローベールの『ボヴァリー夫人』（一八五六）

エドゥアール・マネ「バルコニー」(1868-69)

のヒロインである。凡庸な田舎医者と結婚し、ノルマンディー地方の小さな町で退屈している夢みがちな女性エンマ・ボヴァリーは、無聊《ぶりょう》をなぐさめるためにしばしば窓辺に腰をおろす。窓は何かを待ち望む場所であり、何かが生起する場所である。一般に不動性と無為を運命づけられているフローベールの作中人物にとって、その意味で窓は解放と、未知なものに向かっての飛躍を予感させてくれる装置なのだ。

エンマは窓辺にひじを突いていた（彼女はよくそこへきて坐った。窓は田舎では劇場や散歩道のかわりをする）。[*3]（伊吹武彦訳。以下についても同様）

窓のテーマがはじめて喚起されるのは、エンマがまだトストに住んでいる頃、夫シャルルとともに、近くのヴォビエサールに邸宅を構えるある侯爵の舞踏会に招待されたときのことである。麗しく着飾り、洗練された身のこなしをそなえる上流階級のひとたちに幻惑され、今まで味わったこともないようなデザートを食べ、優雅な子爵にダンスを申し込まれたエンマ。ハイライフを垣間見てしまった彼女は、あてがわれた部屋に引き下がった後も、心が昂ぶってなかなか寝つけない。

ギュスターヴ・カイユボット「室内（窓辺の女）」（1880）［左］とルイ・テッソン「物思い」（19世紀末）［下］。女性の感性と行為の表現において、窓はきわめて重要な装置である。夫や家庭生活に倦んだ女が、何かを探し求めるかのようにたたずむ場所であり、夢想にふける空間であった。

エンマはショールを肩にかけ、窓を開いてひじをついた。闇夜であった。雨がしとしと降っていた。エンマは眼瞼《まぶた》にひえびえとあたる雨気の風を吸い込んだ。踊りの音楽がまだ耳もとにうなっている。エンマはやがて見捨てねばならぬこの豪奢な生活の幻を見つづけるために、眠るまい眠るまいとつとめるのだった。[*4]

ヨンヴィルに転居した後も、窓はさまざまな事件を媒介する説話装置となる。到着した翌日、エンマは窓から広場を通りすぎるレオンの姿を目にし、そしてレオンによって見られ、二人は挨拶を交わす。「翌日、彼女は眼をさますと広場に書記の姿を見た。彼女は化粧着をつけていた。書記は仰向いて挨拶した。彼女はちょっと会釈《えしゃく》してまた窓を閉じた」[*5]。娘ベルトを出産したエンマは、産後の日々を過ごすために、居間の窓のそばに肘掛け椅子を据えて、歩道を通っていく人々を眺める。そして、最初の愛人となるロドルフの姿を目にするのも、自宅の窓をとおしてのことである。エンマの人生においては、窓は決定的なドラマを演出する重要な小道具にほかならないのだ。

舞踏会の女たち

舞踏会や夜会もまた、十九世紀の小説においてしばしば表象され、女が男のまなざしをあびる特権的な説話装置のひとつである。フォブール・サン＝ジェルマン界隈の貴族の屋敷での豪華な舞踏会、ショセ・ダンタン地区で裕福なブルジョワジーが催す晩餐会、七月王政期（一八三〇―四八）以降にひろまったマビーユやグランド・ショミエールといった、一般庶民を相手とする大衆的な公開舞踏会、場末の居酒屋で繰りひろげられる労働者たちの集い。バルザック、スタンダール、ミュッセなどロマン主義時代の作家から、フローベール、ゴンクール兄弟、ゾラなどレアリスム作家を経て、ユイスマンスやバレスといった世紀末の作家にいたるまで、この説話装置を利用した者たちは数多い。

その一例として、フローベール作『感情教育』を取り上げてみよう。

一八四〇年から、一八五一年のルイ・ボナパルトによるクーデタまでのパリを舞台にしたこの作品では、主人公フレデリックがさまざまな階層の人々と交渉をもつさまをつうじて、七月王政期と第二共和制期の多様な空間が表象されている。この時代の雰囲気と集合心性を知るためには恰好の文学作品として、歴史家や文学者から高い評価を得てきた小説である。そのなかでフローベールは、多くの男女が集う舞踏会と夜会のいくつかにフレデリックを立ち会わせている。

ある日フレデリックは、高級娼婦《ロレット》ロザネットの家で催される仮装舞踏会に招かれる。軍人、医者、法律家、貴族などが、みずからの情婦を引きつれてやってきているなかで、情婦どころか愛の快楽もまだ知らない青年フレデリックは、そこで煽情的な女たちの肉体を目の当たりにするのだ。ワルツが始まり、部屋のまわりに腰かけて休んでいた女たちが立ち上がって踊りだすと、彼の視線はその姿態に釘づけになってしまい、彼の欲望は限りなく肥大していく。

> フレデリックは、女たちがすれすれに通るので、額に浮いている汗の玉まではっきり見えた。しだいに急速になる、この規則正しい、めまいのする旋回運動が彼を一種の酔い心地にさそって、目前にないさまざまの影像《イマージュ》が浮かび上がるのだった。女たちはみな同じまばゆさのなかに、それぞれの美しさに固有な刺激をまきちらして、通ってゆく。ものうげに動作に身をまかしているポーランド女は、この女を胸に抱きしめて、二人きりで雪の平原をそりで走りたい欲望をそそった。胴をしゃんとのばし、眼をふせ加減に踊っているスイス女の足の下からは、湖畔の山荘で味わうしずかな逸楽がひらけていた。

1840年頃の夜会風景をあらわすドゥヴェリアの作品。いかにもバルザックやフローベールの小説の挿絵にふさわしいようなテーマと構図である。

と、突然、栗色髪の頭をそらした酒神巫女《バッカス》が、嵐の日の雷鳴を遠方にききつつ、夾竹桃の森のなかでの熾烈《しれつ》な愛撫を夢想させる。あまり速い拍子に息をはずませていた魚売りの女が笑い声を上げた。すると、いっそこの女とあの楽しい昔の日のようにポルシュロンの旗亭で酒をくみかわし、両手で女の肩かけをもみくちゃにしてやりたい、そんな気がしてくる。[*6]（生島遼一訳。以下についても同様）

ここに集う高級娼婦たちのアイデンティティーは、その身体に還元される。すなわち外見、外部性、スペクタクル以外のなにものでもない。彼女たちは、まさしく男のまなざしが夢想し、理解するようなかたちで、みずからの身体をさらけ出す。趣向を凝らした仮装は、男たちの欲情にヴァリエーションをあたえるための装置にすぎないかのような印象さえ受ける。そしてその身体は、誰でも金銭で購うことができるだけに開放的で、魅惑的で、公的な身体である。公的な身体――それが売春婦の定義であったことは、すでに指摘したとおりだ。「無数の接吻をまきちらしたと思うほど、あたりにただよったなまめかしい女の香」、音楽に合わせて律動するなまめかしい肢体、それにつれて波打つ肢体を覆う薄布のドレスなどが、女たちの身体をいやがうえにも際立たせ、エロス化していく。ワルツは十九世紀において、とりわけ官能的な踊りと見なされていただけに、この場面には濃厚なエロティシズムが漂う。男の視線にとって、女の身体は何よりも快楽を予兆し、悦楽を告げてくれるものとして現われるのだ。

　女性を男の視線にさらされる身体に還元しようとするこのような物語の構図は、しかしながら、娼婦たちにだけ適用されるわけではない。『感情教育』第二部第二章に、われわれはフレデリックが銀行家ダンブルーズの晩餐会に招待されるエピソードを読むことができる。それは、裕福なブルジョワの邸宅で繰りひろげられる社交的な場面なのだが、そこに居合わせる婦人たちの集団が、フレデリックにあらぬ空想を促すのである。

　背もたせのない椅子にぎっしり並んでかけた女たちで、部屋はいっぱいだった。その長い裳がまわりにふわりと波のように拡がって、そのなかから胴が浮き出ている。胴着の切りこみのあいだから胸乳《むなぢ》が透けて見えた。いい合わしたように皆すみれの花束をもっていた。手袋の落ちついた色が二の腕の肌の白さをきわ立たせ、房飾りや細布が肩に垂れかかって、そっと身動きするおりおりに、着物がすべり落ちそうな気がした。しかし、顔のしとやかさが衣裳のしだらなさをやわらげている。なかにはほとんど動物的な静けさをたたえた顔も見えた。こうした半裸の女たちの集まりはハレムの内部を想わせるものがあり、青年の頭にはもっと露骨な比較さえうかんでくるのであった。[*7]

　フレデリックの脳裏に浮かんだ「もっと露骨な比較」というのは、『感情教育』の草稿によれば、売春宿との比較であることが分かる。当時のブルジョワ社会の慣習にしたがって、肩から首にかけての部分をひろく露出した夜会服は、居合わせる男たちの視線を引きつけずにはいない。

　ロザネットの家で催された舞踏会では、高級娼婦たちの動きまわる肉体が主人公の欲望をそそった。銀行家の屋敷では、椅子におとなしく腰かけた上流婦人たちの大胆なローブ・デコルテ姿が彼を幻惑させる。一方では、思い思いに仮装した女性が多様な快楽のシチュエーションを夢想させ、他方では、イギリス女、イタリア女などが輝く装身具をまといながら、エキゾチックな魅力をふりまく。主人公フレデリック自身を除けば、ふたつの場面は異なる社会階層に属する人物たちを登場させているし、異なる環境が設定されている。しかし、フレデリックの眼前に、装い、見られることを運命づけられている女たちがしどけない姿態をさらしている、という点では共通している。男はひたすら見つめ、観察し、値踏みするまなざしであり、それを知りつつもまるで意識していないかのように振る舞う女たちは、ひたすら見られる対象である。ふたつの場面における、男と女のまなざしのドラマは同じ構図にもとづいている。

奈落へいたる扉――ナナの姿態

見る男と見られる女、欲望する男と欲望される女。まなざしと欲望のドラマが、しかしながら、男女のあいだで絶えず演じられているわけではない。一般的に言って、まなざしと欲望の強度が発揮されるのは、多少とも非日常的な状況のもとにおいてであろう。十九世紀のブルジョワ女性や庶民の女性にとって、日常生活の大きな部分は慣習的なしぐさや、凡庸な出来事によって成りたっていたはずである。

ところが、人々に見られることが職業的要請のひとつになっている女、男たちから値踏みされ、欲望の視線を向けられ、男たちの情欲を挑発することが存在理由になっているような女がいる。女優であり、娼婦である。そして十九世紀フランスにおいて、両者の境界線はしばしば曖昧だった。劇場の世界と売春の世界は、ときに区別がつかない。舞台に立つ役者であり、裕福な男たちに囲われる高級娼婦であり、肉体をさらすことによって男を誘惑し、そそのかし、破滅させる妖婦。それらの相貌をすべて兼ねそなえているのが、ゾラ作『ナナ』のヒロインである。この小説は、ナナがあるオペレッタのなかで、金髪のヴィーナスに扮して「ヴァリエテ座」の舞台に登場するところから始まる。歌はまったく下手なナナが観衆の目を引きつけるのは、もっぱらその肉体によってである。

> 戦慄が観客席をゆすぶった。ナナは裸だったのだ。自分の肉体の全能を確信し、不敵な落ち着きをたたえて、ナナは裸だったのだ。身を包むものとては、一枚の薄絹ばかり。円味のある肩、槍のように堅くぴんととがったバラ色の突起のある豊かな乳房、肉感的にゆれ動く大きな腰、脂ののった金褐色《ブロンド》の太腿など、ナナの全身は、水沫のように白い薄い織り物の下から、すけて見えたり、あらわに現われたりしていた。身を蔽うものとてはただ髪の毛しか持たぬ、浪間から生まれでるヴィーナスであった。そして、ナナが腕をあげると、フットライトの光で、金色の腋毛が見えるのだった。（中略）無言の脅

マネ「ナナ」(1877)。ゾラの『ナナ』が刊行されるのが1879年だから、マネの絵は直接ゾラの小説に想を得たものではない。しかし二人は親しい友人だったから、作家が画家にナナの人物像について語って聞かせたらしい。いずれにしても、客である男のまなざしのもとに媚びを売るように化粧するこの高級娼婦は、ゾラのヒロインをあざやかに予告している。

『ナナ』の挿絵入り初版本の図版から、ベッドに横たわるナナと、鏡のなかの自分の姿に見入るナナ。ナナとは、精神を欠いた肉体そのものにほかならない。

> 迫をはらんだ風が音もなく吹き過ぎたかのようであった。突如、この無邪気な娘の中に女が立ち上って、女性の無鉄砲さをさらけ出し、欲情の未知の世界をあばいて男性を悩殺したのだった。ナナは絶えず微笑をうかべていたが、それは男殺しの鋭い微笑であった。[*8]（『ナナ』川口篤・古賀照一訳。以下についても同様）

『感情教育』の作者に較べると、『ナナ』の作者が女の身体を描くときの筆使いはずっと大胆であり、官能性に富む。また、フローベールが見られる女たちの表層しか描いていないのにたいし、ゾラは見られる女がその後に発揮するであろう危険な魅力を予告する。

物語の設定によれば、このときナナは十五、六歳。まだあどけなさを残しているはずのこの娘のなかには、すでに熟れた女の肢体が感じられる。わずかに薄布を一枚まとっただけで、豊満な肉体をおしげもなくさらすナナを前にして、観衆は一瞬のあいだ凍りついたように沈黙し、息を呑む。男たちの情欲がかき立てられずにはいない。そしてナナの肉体は、男たちの欲望を刺激するばかりでなく、すでにして男を破滅の淵に追いこむ兆しを漂わせている。ナナの顔に「男殺しの鋭い微笑」を見てとるのは、もちろん男の観客たちの肥大した妄想にすぎないにしても、舞台の女優と観客のあいだに展開するまなざしと欲望の力学を現前化させたこの場面は、見る男／見られる女というジェンダーの構図をあざやかに示してくれる。

物語のなかで、ナナはしばしば裸身をさらす。そしてゾラにあって、裸の女はつねに脅威にみちた、動物的な存在であり、彼女を見つめる者を滅びや狂気へと導いていく可能性をはらんでいる。

たとえば、ナナを愛人として囲うようになるミュファ伯爵は、部屋の大きな鏡にみずからの裸身を映しだして悦に入るナナを凝視しながら、言い知れぬ不安と危惧の念にとらえられる。それまで信仰厚く、謹厳で、模範的な夫であり父であったミュファは、ナナと出会うことによって破滅し、家族まで解体させてしまう。女の肉体は罪と躓《つまず》きの元凶であり、あらゆる女はアダムを誘惑したイヴの生まれ変わりではないのか。男は、『聖書』のなかで言及されている淫蕩な化け物をわれ知らず想起するものの、裸身のナナから目をそむけることができない。ゾラはヒロインの肉体のあらゆる細部、その曲線、肌の色つや、肉づき、体毛などを描いていく。そのとき頻出する動物に関するメタファーは、ナナが野獣性にみちた矯激《きょうげき》な身体の持ち主であることをあきらかにしてくれるのだ。

> 解《ほど》けた彼女の金髪は、牝獅子の毛のように背中を覆っていた。彼女は、体を曲げて脇腹を張り、繻子のようにきめの細かい肌の下にたくましい筋肉を秘めている、がっしりし

た腰や、女戦士のような固い胸をつき出していた。肩と腰のあたりで僅かに波を描いている見事な線が、片肱から爪先きまで流れていた。このなだらかな線を、黄金色の光りに包まれたブロンド色の肉体のほのかな線を、蠟燭の光りをうけて絹のように光る円みを、ミュファは眼で追っていた。彼は、かつて女に対して抱いていた嫌悪の情を、淫奔で、野獣の臭いのする、聖書に出てくる怪物のことを思い出していた。ナナは非常に毛深く、茶色の生毛の生えた体は、ビロードのようだった。一方、牝馬のような腰と太腿や、下腹部に悩ましい影を投じている深いくびれのある腹のふくらみには、何か獣《けだもの》じみたものがあった。[*9]

ナナの身体を前にして、その女性性を前にして、ミュファの身体は圧倒され、彼の男性性はたじろぐ。魅惑と嫌悪が共存する。ここでは男にとって、女を見つめることがみずからの凋落を受け入れることにほかならない。女は誘惑者であり、その身体は奈落へといたる扉なのだ。[*10]

眠る女アルベルチーヌ

窓辺の女、舞踏会の女、夜会の女、劇場の桟敷席の女、舞台の上の女。身を置く場所はさまざまに異なるとはいえ、女たちは自分が見られていることを知っているし、男たちもまたそれを意識しつつ女たちの身体を見つめる。まなざしの方向が一方的だとはいえ、両者とも少なくともまなざしが流れているという事実に関しては諒解しているし、その意味で、不平等かもしれないが健全な状況と言ってよいだろう。

それに反して、どのような場に身を置くにしろ、女が誰かに見つめられ、しかもそのことに気づかないとき、通りの向こうから、あるいは窓越しに、あるいはドアの隙間から、男のひそかな視線が自分に向けられていることに気づかないとき、ひとはそれを「覗き」と呼ぶ。単なる偶然から覗きの状況がつくりだされてしまうような場合があるだろうし、その場合には重大な結果を引きおこすことはない。しかし見る側が意図的に覗きという行為にいそしむとなれば、この上もなく不謹慎な事態が出来することになる。見られている側が最後までそれに気づかないときは猥雑性をおびてくるし、途中で気づけば恥辱や怒りの感情が芽ばえる。

いずれにしても、ひとが自分の姿を隠して誰かを見つめ、相手が見つめられていることに無知であるという状況、すなわち視線によって生み出される関係が一方的だという状況は、社会的には支配―被支配関係の一類型であり、倫理的には許しがたい悪として断罪されるのが通例である。それは見られている人間にたいする侮辱であり、人間性にたいする冒瀆にほかならないからだ。

ところがここに、美しい覗きのシーンを描いた二十世紀フランスの作家がいる。いや「覗き」と呼ぶのは正確でないし、「覗き」と名づけるためには卑猥さが欠落している。その作家の手になる小説においては、見つめられる女は見つめる男にとって手の届かぬ偶像でもなければ、孤絶した存在でもなく、男に愛され、彼の家にともに住むひとなのだから、覗きという行為につきまとう後ろめたさや背徳の悦びがない。女は男に見られていることを自覚してはいないが、そうなることは予期しており、見つめる男の視線は欲望と官能に満ちあふれてはいるものの、女の身体にたいしてけっして攻撃的でもなければ、侮辱的でもない。それは覗きかもしれないが、しかし同意された覗きであり、あらかじめ諒解された視線の遊戯なのだ。見つめる男の名はマルセル、見つめられる女の名はアルベルチーヌ。プルースト作『失われた時を求めて』の第五篇『囚《とら》われの女』のなかに読まれるエピソードである。

物語の語り手でもある主人公マルセルは、身勝手で猜疑心の強い男であり、恋人アルベルチーヌと暮らすようになっても彼女の本性を把握できず、しばしば根拠のない不安にさいなまれる。そのような語り手がアルベルチーヌを愛し、征服し、所有していると実感できるのは、ただ彼女が眠っているときだけなのだ。長い散歩に疲れきった彼女は、「花をつけた細長い茎」のように語り手のベッドの上に横たわり、その蠱惑《こわく》的な肢体をこともなげに男の視線にさらすのであり、彼女の存在はその肉体に還元されてしまう。眠る女と、それを凝視する男。女の眠りにはなにかしら神秘性がただよい、男の愛にはなにかしら淫《いん》靡《び》さが付着する。

> 彼女は外部にあるすべての自分を呼びもどし、その肉体のなかに逃避し、閉じこもり、要約されてしまったのである。その肉体を視線の下、両手のなかにとらえつつ、私は彼女の目ざめているときには感じられないあの印象、彼女を完全に所有しているという印象を持つのだった。彼女の生命は私に服従し、私に向かって軽い息づかいを発していた。海の微風のようになごやかで、月光のように夢幻的な、このつぶやくごとくに発散する神秘的なもの、つまり彼女の眠り、私はそれに耳を傾ける。眠りがつづくかぎり、私は彼女に思いをはせつつしかもなお彼女を眺めることができ、またこの眠りがいっそう深

まれば、彼女に触れ、彼女を抱擁することができるのだった。そのとき私が感じるのは、無生物、つまり自然の美しいものを前にしたときと同様に、純粋で非物質的で神秘的な愛情だった。[*11]（『囚われの女』、鈴木道彦訳）

ここで読者が立ち会っているのは、いわば誘発された覗き、仕組まれた窃視《せっし》にほかならない。アルベルチーヌは何を思ってこのような振る舞いにおよぶのだろうか。マルセルの意識と主観をとおして語られる一人称小説である『失われた時を求めて』において、他の登場人物の内面はしばしば謎のヴェールで覆われているから、断言はできない。ただし、男のベッドの上で無防備に眠りこむというのは、女の側からすれば信頼の表現であり、愛そのものではないにしても、少なくとも愛の可能性を垣間見させるしぐさではあるだろう。実際、警戒心を抱かせるような男の前で、しかも家のなかというプライヴェートな空間で、女が眠ってしまうことなど考えられまい。そして、快楽を待ちのぞむ語り手の視線は、欲望とは無縁でないがあくまで優しく、官能を期待しつつも穏やかさを失っていない。それはローブ・デコルテをまとう上流婦人たちを眺めるフレデリックのまなざしや、ナナの動物的な身体を凝視するミュファのまなざしとは本質的に異なる。

こうして意識なく眠る女、まなざしを向けかえすことのない女、植物のように不動の姿

ラファエル前派の流れをくむフレデリック・レイトンの作品「燃える六月」(1895 頃)。原画では女性があざやかなオレンジ色のガウンをまとっている。ほとんど挑発的なまでに官能的な肢体をさらしてまどろむ女性。絵に描かれた眠る女性は、二重の意味で見つめられる身体となる。

勢を崩さない女を前にして、語り手はまったく気兼ねなしに支配欲を満足させることができる。受動性そのものとなった身体としてのひとりの女を眺めることによって、語り手はみずからの能動性をはじめて自覚できる。そこから女の身体に触れる行為までは、わずかの距離しかない。眠る女の呼吸はしだいに深まってゆき、それにつれて胸は規則正しく上下する。

> そのとき、彼女の眠りが満潮になり、意識の暗礁も今や深い眠りの大海に覆われて、この暗礁にぶつかることもあるまいと感じられたので、私は思いきって音もなくベッドに上がり、彼女のかたわらに身を横たえ、片手でその腰をとらえ、頬や胸に唇をあてる。それからもう一方の自由な手を彼女の身体のあらゆる部分に置くと、その手も真珠の首飾りと同様にアルベルチーヌの呼吸で持ちあげられるのだった。私自身もその規則正しい動きでかすかにゆすぶられる。かくて私はアルベルチーヌの眠りの上に船出したのであった。[*12]（同前）

横たわり、眠るひとりの女。反応をかえすことなく、ひたすら見つめられる身体。マルセルは女の眠りが深みに達するのを待っていたかのように、アルベルチーヌのそばに身をおき、その肢体を愛撫する。自然な眠りと薬物による眠り、女のそばに横たわるのが青年と老人という違いはあるものの、この状況は川端康成の『眠れる美女』（一九六一）を想起させずにいない。それはほとんど屍姦、あるいは屍体愛に近い身振りである。プルーストの語り手のまなざしは優しく愛に満ちているが、しかし、意識を失った女を見つめ、愛撫することによってはじめて所有本能が充足されるという点でいささか倒錯的であり、女の身体を対象化していることに変わりはない。

見つめられる女エンマ・ボヴァリー

十九世紀の女性たちは、他者によって見られることに慣らされていた。見られる客体に甘んじること——彼女たちにとって、それは礼儀作法の一箇条であり、いわば身体訓育の一部であった。そして逆に、男のほうは女を見つめるよう促され、それが身体技法になっていたかにさえ思われるほどである。見る男と、見られる女——そのように一方向的な視線の力学が、少なくとも社会儀礼上の建前として貫徹していた時代だった。道徳的な謹厳主義の代名詞とされる、いわゆるヴィクトリア朝的道徳は、欲望を媒介にした男女のまなざしの力学をしっかりと固定しようとしたのである。

工藤庸子も『小説というオブリガート』のなかで指摘するように、このような視線の非相称性は、文学の世界においてはっきりと露呈している。[*13] 十九世紀にあっては、作家は圧倒的に男性が多かった。彼らが、欲望や性愛をめぐって男女の交流を語る場合は、男のまなざしが女の身体を対象化する。

ただし、男性作家が書いた作品の主人公、視点が収斂《しゅうれん》する人物が、かならずしも男というわけではない。バルザックの多くの小説、スタンダールの『ラミエル』、フローベールの『ボヴァリー夫人』、ゴンクール兄弟の『ジェルミニー・ラセルトゥー』や『ジェルヴェゼー夫人』、ゾラの『居酒屋』や『ナナ』、そしてモーパッサンの『女の一生』など、十九世紀フランスの男性作家の手になる代表作で、まぎれもなくひとりの女性を主人公にした作品は枚挙にいとまがない。中心人物が男か女かという問題とは関係なしに、見つめる男／見つめられる女という図式が支配的なのである。

主人公が男であれば、彼が見つめる女たちの身体が描かれ、主人公が女であれば、男たちによって見つめられるみずからの身体が語られる。いずれにしても、愛の場面における男の身体や、性や、感覚的反応が証言されることはほとんどない。常識的に考えれば、男性作家にとって、みずからが追体験できない女の身体の反応を叙述するよりも、男性自身の身体や感覚を記述するほうがはるかに容易で、合理的なはずだろう。それにも拘らず彼らは、愛の場面においてもっぱら女の身体と官能性を描いて倦むことがなかった。彼らにとってみずからの生理や感覚はあまりに自明のことで、あえて語るまでもなかったのかもしれないが、他方で、ジョルジュ・サンドやダグー伯爵夫人のように、当時の女性としてはかなり奔放な性愛生活を享受した閨秀作家たちもまた、好んで女の身体を語ったのである。

　作家の性別や、主人公の性別とは関係なく、十九世紀文学において女性は見られる身体だった。現代のフェミニズム批評であれば、そこに男の視線によって疎外され、植民地化された女の身体というテーマを見いだすだろう。そしてフェミニズム批評の立場からすれば、男のまなざしによって一方的に対象化される女の身体は、スキャンダル以外のなにものでもない。そのスキャンダルを解消することが、女性の真の人間性を取りもどすことにつながるに違いない。

　では、女が見られる客体から、見る主体に変貌したらどうなるか。女が、男に見つめられることに快さを感じながらもそれに満足できず、みずからが積極的に男を見つめようとすればどうなるか。もちろん、十九世紀といえども現実にそのような女性たちはいたわけだが、そのような状況が実際に文化的表現として顕在化することはけっして多くはなかった。女が見る主体に変貌し、そのことをあからさまに示すことは、同時代の社会的コードにたいする侵犯行為だったからである。その侵犯行為をあえて行なった文学作品が、フローベールの『ボヴァリー夫人』である。ノルマンディー地方の貧しからぬ農家に生まれ、田舎医者と結婚したエンマが、夫の凡庸さと田舎暮らしの単調さに飽きて、ロマン主義的な夢を追求しながら不義の恋と浪費生活に耽ったすえに、みずからの生涯を清算するために砒素をあおぐというこの有名な小説は、女の身体をめぐる物語として読み解くこともできるだろう。

はじめのうち、エンマはもっぱら、彼女と接触する男たちによって見つめられる存在である。たとえば、後に夫となるシャルルがエンマと初めて出会ったとき、彼はエンマの爪がみごとに白いこと、それに反して手がそれほど美しくないこと、そして瞳が魅力的なことに着目する。そのきっかけとなるのは、針仕事をするエンマがときどき針を指にさし、その指を吸うというしぐさである。

> シャルルは彼女の爪の白さに驚いた。きらきら光って先が細く、ディエップの象牙細工よりもきれいにみがきがかかって、先尖りに切ってあった。しかし手は美しくなかった。白さがたりないようだし、関節がすこし骨張っていた。それに長過ぎて、輪郭に柔らかみがなかった。彼女の美しいところは眼であった。茶色のくせに睫毛《まつげ》のせいで黒く見えた。あどけなく大胆に、ぐっと見据えるような眼つきであった。[*14]

やや時間が経過して、次にシャルルが目にとめるエンマの身体的細部は、首と髪である。

白い折襟から首が出ていた。髪の毛はまんなかからわけてある。両方の黒い鬢《びん》はなめらかでひと続きのように見え、わけ口の細い線は頭のカーブ通りに軽く窪んでいた。髪は耳たぶをわずかに見せながら、こめかみの方へウェーブしつつ、後ろへ行って一つになり、たっぷりした髷につかねてある。こめかみのウェーブなどを見るのは、この田舎医者にはへその緒切ってはじめてだった。[*15]

ひとりの作中人物が物語に登場してくるとき、そのポートレイトを短い断片の積み重ねとして提示するのは、フローベールに特徴的な技法である。初出の人物の家系、経歴、ポートレイトなどを一括して体系的に叙述し、そのためときには数ページを費やすことも厭わなかったバルザックとは逆に、『ボヴァリー夫人』の作家は、人物に関するさまざまな情報を作品のなかに意図的に散逸させ、ときにはその情報のなかに矛盾さえ紛れこませる。ひとりの人間にたいするわれわれの知識は徐々に練りあげられていくし、同じ人間に関する判断はひとによって異なるだろうから、フローベール的な技法のほうが現実世界をよりよく反映していると言えるかもしれない。

ふたつの引用文において、シャルルの視線はエンマの身体の表面をなぞり、その輪郭や、色彩や、光沢をきわめて敏感に捉えており、まるでエンマの肌を撫でるかのようにたどっていく。ロジェ・ケンプという文学研究者は、フローベールにあっては視線は触覚的であると述べているが、正しい指摘である[*16]。もっとも、シャルルが愚鈍な男であることを知っている読者からみれば、その感覚的な鋭さはほとんど彼に不釣り合いである、という印象を受けてしまうことは否定できないのだが。いずれにしても、ここでのシャルルの視線には、まだ欲望や性的好奇心があからさまに露呈していないし、むしろ彼は、鄙《ひな》には稀な美しい娘の表情にうっとりと見入っている。今のところ、彼のまなざしが捉える身体の部位は顔とその構成要素だけであり、背や腰や足や、からだ全体の輪郭線にまでまなざしは向けられていない。シャルルのまなざしは、慎み深くエンマの頭部にとどまっているのである。

その彼がエンマの身体を欲望の対象としてはっきり意識するようになるのは、妻が急死し、寂しさを覚える彼がエンマを妻にしようと思いはじめるときである。そしてそのとき初めて、シャルルはエンマのむきだしの肩に浮かぶ汗の雫と、彼女のなまめかしい唇に気づくのだ。ある日の午後、エンマの家を訪ねてきたシャルルが、炊事場で縫い物をしている彼女の姿を目にしたときのことである。

窓と煖炉のあいだでエンマが裁縫をしていた。頸巻《くびまき》をしていないのであらわな肩の上に細かい汗の雫《しずく》が見えた。

田舎風にエンマは飲み物をすすめた。ことわったがぜひにといい、しまいには、リキュールをつき合って下さいと笑いながらいい出した。そして戸棚へキュラソーの瓶を出しに行き、小さいグラスを二つおろし、その一つにはなみなみと注ぎ、もう一つにはちょっと注ぐまねだけして、杯をふれ合せてから口もとへあてた。グラスはほとんど空《から》なので、彼女はそり返って飲んだ。仰向いて、唇をとがらせ、首をのばしながら、口のなかになんの感じもないのをおかしがって笑うと、舌の先が美しい歯のあいだから出て、グラスの底をペロペロとなめた。[*17]

シャルルの視線はエンマのしぐさと上体の動きを正確に捉え、彼女の口、唇、歯を丹念に追っていく。欲望の発生にともなって、見つめられる女の身体の部位が変わるのである。そしてグラスの底をなめ回すエンマの舌の動きが、何ともなまめかしい。彼女の官能性が、さりげない細部によってあざやかに暗示されている一節である。

シャルルとエンマは結婚し、やがてヨンヴィルの町に居を構える。結婚した後のシャルルは、妻を熱愛してはいるものの、もはや妻の身体を見つめようとはしない。（しかし、結婚した男女がいったい、いつまで相手の身体に持続的な欲望のまなざしを向けていられるものだろうか？）彼に代わってエンマの身体に欲望の視線を向けるようになるのが、手管に長《た》けた女たらしロドルフにほかならない。初めてエンマの姿を目にしたとき、このドンファンはすでにして彼女の白くきれいな歯、黒い瞳、可愛らしい足、パリ女のような優雅な身のこなしに気づく。つまり、シャルルと異なり、ロドルフは最初の出会いのときからすでにエンマの肢体を全体的になぞってしまうのだ。

　フローベールはまた、衣服をまとったエンマの身体の輪郭をロドルフの視線のもとにさらけ出す。「（前略）身をかがめたはずみに、彼女の服（それは丈が長く、スカートが広く、裾襞の四つある、黄色い夏のドレスであった）は、広間の石畳の上、彼女のまわりに広がった。——そしてエンマが腰をかがめ、両腕を開きながらちょっとよろめくと、服地のふくれ上ったところが胸の曲線に沿ってところどころほころびた」。そして帰宅の道すがら、男は空想のなかで女の衣服を剝ぎ取ってしまうだろう。「彼はエンマがあの服装で広間にいるさまを思い浮べた。そして服を脱がしてみた」[*18]。シャルルとロドルフの違い、まじめな田舎医者と打算的な小地主の違いは、ひとりの女の身体に向けるまなざしの密度と速度なのである。

見られる女から見る女へ

ここで、小説における「視点」の問題に触れて置くのが適切であろう。作家は物語を綴るに際して、物語のなかに登場しない全知全能の語り手を介して語ることもできれば（たとえば典型的な「三人称小説」）、ある特定の作中人物の視点をとおして語っていくこともできる（たとえば「一人称小説」）。視点によって作品の構造は大きく変わるし、ときにはそれが作家の世界観や人間観まで巻きこむことになる。

フローベールは、小説におけるこの視点の問題の重要性に気づいた最初の近代作家と言われている。『ボヴァリー夫人』の場合、はじめの数章においては物語の視点がシャルルに焦点化され、その後はエンマに焦点化されているのだから、当初シャルルが見る人間になるのは説話的な必然ということになる。しかしそれだけでは、エンマ＝見られる女という構図は説明しきれない。なぜなら、物語の視点がエンマに移動した後に登場するロドルフにたいしても、エンマは見られる女であり続けるからだ。見られることから見ることへの移行は、単なる説話的視点の問題ではなく、存在論的な問題にほかならない。だからこそ、エンマが見られる女から見る女に変身する瞬間は、決定的な意味をもってくるのである。

ロドルフとの愛によって悦楽と官能に目覚めたエンマは、ロドルフに捨てられた後、新たな愛人を見いだす。レオンである。レオンとエンマは、かつてお互いにほのかな恋心を抱いていたのだが、どちらも決定的な一歩を踏み出す決心ができないままに、レオンはヨンヴィルを離れたのだった。そのレオンに、エンマはルーアンの劇場で再会し、やがて二人の不倫関係が始まる。エンマが見られる女から見る女に変貌するのは、まさにこのときである。ホテルまで会いにやってきたレオンの姿に、エンマは次のような判断を下す。

> 男がこれほど美しく見えたことはかつてなかった。得もいえない純真さが彼の態度から感ぜられる。彼は反り返った細長い睫毛を伏せていた。肌のなめらかな彼の頬は彼女の肉体を獲ようとする欲望のために赤らんだ——と彼女は思った。そしてエンマはその頬へ唇を持ってゆかずにはいられない欲望を感じた。[*19]

今やエンマは男を見る女である。レオンにそなわる無邪気さの混じった美しさをいとおしく思い、長い睫毛や柔らかそうな頬に視線を引きつけられる。しかも見るだけでは満足できず、その頬に接吻したいという強い欲動に駆られ、その欲動をみずからに隠そうともしない。この一節は、シャルルがエンマと初めて出会ったときの叙述を想起させるのだが、しかし男と女の立場が完全に逆転していることに注意してほしい。かつてはシャルルがエンマの初々しい無邪気さを愛でたのだが、今ではエンマが若々しい青年レオンの肉体に欲望を覚えるのだ。

また、ロドルフとの関係では、エンマは従属的な立場に甘んじ、気まぐれな言葉や駆け落ちの期待を口にするたびに男に諫《いさ》められたが、レオンとの情事においてはむしろ彼女がイニシアティヴをとり、彼女が男を支配する。夫にはピアノのレッスンに通うと嘘をついて、毎週木曜日、若い恋人とルーアンのホテルで逢い引きを重ねるボヴァリー夫人。彼女の快楽への渇望は飽くことを知らず、絶えず昂まっていく。欲望の主体となったその身体はこの上もなく大胆で貪欲になり、妖しげな魅惑さえ湛えるようになるだろう。

> エンマは荒々しく着物を脱ぎ、コルセットの細紐《ひも》を引き抜いた。紐は這ってゆく蛇のうなりのように、腰のまわりにうなりをあげた。エンマは、戸がしまっているか素足のままの爪先でもう一度見に行った。それから、まとっているものをみんな一度にかなぐり捨てた。——そして彼女は青ざめて、物をもいわず、真剣に、わなわなとふるえながら、男の胸にとびかかった。[*20]

そしてついに、われわれが「エンマがレオンの情婦というよりも、むしろレオンがエンマの囲い者のようであった」という一節を読むとき、欲望と性をめぐるジェンダーの規範が転倒する。『ボヴァリー夫人』の草稿段階では、この箇所でもっと啓示的な文章が書きとめられていた。「エンマは彼をあらゆる感覚をつうじて占有し、呪縛《じゅばく》していた。レオンは彼女のもの、彼女の男、彼女の所有物にほかならなかった」。欲望する女と、欲望される男。所有する主体としての女と、所有される客体としての男。女の性的欲望を巧みに隠蔽し、それを認めまいとしていた十九世紀の社会道徳にとって、それはこの上もなくスキャンダラスな挑発だったはずである。

ちなみに、これとまったく同じシチュエーションが、後に『感情教育』のフレデリックとロザネット、ゾラ作『獲物の分け前』の女主人公ルネと義理の息子マクシムのあいだに生起する。そしてそのとき、男はいくらか女性化した存在として示される。欲望や快楽の対象になったとき、男がいわば女に転化してしまうのだ。まるで男は欲望されることによって、みずからのアイデンティティーを失ってしまうかのように。このような細部は、これまで何度か確認してきた《女＝見られる身体、男＝見るまなざし》という文化的コード、あるいはイデオロギー装置が貫徹されていたことをよく表わしている、と言えよう。当時

ルーアンのホテルでレオンと逢い引きし、荒々しく衣服を脱ぎすてるエンマ。その姿が壁にかかった鏡に映しだされているのが、なまめかしい。『ボヴァリー夫人』ルメール版のために作成され、結局は使用されなかったエッチングより。

の文化において、男は女を見つめることによってみずからの男性性を確信できたのであろう。そして逆に、女に見られ欲望されるとき、男性性は危機にさらされたのだ。

フローベールの小説が「公序良俗に反する」という罪状のもとに起訴され、裁判沙汰になったのは、文学史上よく知られたエピソードであろう。しかしそれは、人妻の不倫を物語の主題にしたためばかりではない。不倫はたしかに好ましくない行為には違いないが、当時の小説や演劇においてきわめてポピュラーな主題にすぎず、それだけで法的に断罪されるというわけではなかった。『ボヴァリー夫人』が官憲の忌諱《きい》に触れたのは、エンマというひとりのヒロインが見られる女から見る女へと変貌をとげ、欲望の客体からその主体になったからであろう。そしてそれが、特殊な状況におかれた女の予測しがたい逸脱行為ではなく、平凡ながら幸せな人生を約束されていたかにみえた女が、みずからの感情に忠実に生きたがゆえにたどる、不可避的な運命であるかのように語られたからであろう。第二帝政期の司法権力はそこに、倫理と秩序にたいする脅威を見てとったのである。

欲望する女のまなざし

あらためて言うまでもないと思うが、男が見つめる視線で、女が見つめられる身体であるというジェンダー的差異は、十九世紀の作家の多くが男性であったという事実のみによって説明されるわけではない。ジョルジュ・サンドのような閨秀作家の作品で、主人公が女性である場合にも、女の視線が男の身体の上を這うという状況設定は想像しがたい。だからこそ、『ボヴァリー夫人』は希有なテクストなのである。

二十世紀に入って、身体をめぐる視線のベクトルは変わっていく。女が男の身体を欲望にみちたまなざしで見つめることは、たしかに大胆なしぐさには違いなかろうが、もはやスキャンダラスな行為ではない。一例をあげるならば、コレットの代表作『シェリ』（一九二〇）では、のっけから若い男の輝くばかりに美しい肉体が読者に提示される。見られているのは、シェリという渾名《あだな》の二十五歳の青年、見ているのは、レアという名の高級娼婦あがりの四十九歳の女性である。その関係は若い「ジゴロ」と彼を養う年増の女、ということになる。

> 陽光がつらぬく薔薇色のカーテンのまえで、彼の黒々とした影はまるで悪戯《いたずら》っ子の悪魔が燃えさかる竈《かまど》のまえで踊っているかのようにゆらゆらと揺れていた。でも彼が寝台のほうに身を引くと、絹のパジャマから鹿革のスリッパまで、全身がもとの真っ白な色にもどった。

「心配なんかしませんよ」寝台から穏やかな低い声が聞こえた。「ネックレスの糸がくたびれちゃうでしょ。ただでさえ真珠が重いんだから」

「たしかに重いな」シェリは敬意をこめて言った。「このお道具をあんたに進呈した男はあんたのことを甘く見てはいなかったってことだ」

彼はふたつの窓のあいだの壁に嵌めこまれた縦長の鏡のまえに立ち、自分の姿に見とれていた。とてもハンサムでとても若い彼は、背は高からず低からず、髪には黒つぐみの羽毛のような青みがかった光沢がある。彼がナイト・ウェアの前をはだけると硬くくすんで楯のように胸板の張った胸が見え、彼の歯と、暗い色の目の白目の部分と、ネックレスの真珠に同じ薔薇色の光がキラキラと戯れるのだった。[*21]

部屋に差しこむ陽光が、若い男の肉体の上でたわむれ、女はその肌の色合いや、たくましい胸板をいとおしむように見つめている。それはすでに数年前から女がいつくしみ、愛撫し、快楽を味わってきた肉体である。しかも、伝統的に女性にふさわしい文化装置とされる鏡の前に立って、みずからの肢体に見とれているのは男である。これは、十九世紀的なまなざしの規範にたいして、二重の意味での侵犯行為にほかならない。男女関係の多様性、ジゴロと年上の女の結びつき、といった風俗史的な新しさに還元される現象ではなくて、身体をめぐる感性が変容をとげたことの証左なのだ。

高級娼婦が青年を愛するという状況設定は、たとえばバルザックの『浮かれ女盛衰記』（エステルとリュシアン）、デュマ・フィスの『椿姫』（マルグリットとアルフレッド）にも読まれるが、それが自動的に「見つめる女」を生み出すわけではない。職業柄、男の肉体を目にすることに慣れているはずの娼婦が、恋する主体となったときに、愛している男の肉体を見つめるようになるとはかぎらない。男の肉体を見つめる女が、ごく自然な存在として文学テクストのなかに登場してくるのは、社会的、文化的な推移と密接に関連していることなのである。

男は「清潔な身体」を求められている

現代の日本では、女が男の身体を見つめるという状況がよりいっそう歴然と現われてきているように思われる。たしかに現在でも、女の身体が男たちによって見つめられ、男のまなざしによって評価を下される傾向は強い。くわえて女性の場合は、同性である他の女性たちのまなざしも身体観の形成に際して内在化されるらしい。もし美しい女性であれば、男たちからは賛美と欲望のまなざしが、女たちからは羨望と嫉妬のまなざしが向けられる。

しかし他方で、男の身体もまた、今では女性たちの視線によって客体化されつつあるし、男たち自身がそのことに自覚的になってきた。女性たちのほうも、男を見つめることに恥じらいを感じることはなくなったし、それどころか、男を見つめることの快楽を口にするまでになった。

若い男性向けの雑誌『POPEYE』の一九九〇年代前半に出版された号を調査した加藤まどかによると、女性誌ほどではないにしても、身体に関連する記事や広告はかなりの量にのぼる。そして、女性誌のなかで提示される女性の身体の理想像が、ある種の「美しい身体」であるのにたいし、男性誌で提示される男性の身体の理想像は、ある種の「清潔な身体」であるという。[*22] さらさらの髪、つるつるした肌、汚れや不快なにおいなどを排除した身体が価値づけられている。そこには、見つめる女たちの視線をかなりの程度まで内在化してしまった男たちの意識が、はっきりと映しだされているように思われる。

もちろん、そのようなディスクールが、異性を強く意識する思春期の少年や若い男性に向けられた商業的なメッセージにすぎない、という見方もあろう。ファッション、化粧品、エステなど身体に関わる商品を売り出す産業は、メディアをつうじて身体を市場化し、資本主義の論理に組みこんでいることは言うまでもない。しかしそれだけではなく、お互いの身体をめぐる男女のまなざしの構図は、あきらかに類似性を強めているのだ。

加藤は行なっていないが、女性誌において男の身体がどのように語られているか分析すれば、女性に見つめられる男の身体の位相がよりよく解明されるに違いない。男性誌の場合、その読者はほとんどすべて男性だろうから、女性のまなざしは暗黙のうちに前提されているだけで、その機制があからさまに露呈することはないのだから。いずれにしても、男性向けの雑誌をとおして、女に見られる男の身体、女に見つめてもらうに値する男の身体のイメージが流布していることは否定できないようであり、そのイメージを改善したいという希望が、公然と表明されるようになったのである。それは、もしかしたら男女関係における革命的な変化かもしれない。見る男／見られる女という、長いあいだにわたって支配的であった視線の力学はしずかに、しかし大胆に変貌をとげつつあるのだ。

しかし、身体が美しいというのはいったいどういう意味なのか。美しい身体は文化的にどのように表象されてきたのか。そして、なにゆえことさら女性において、美しいことが大きな価値をもつとされてきたのか。こうして私たちは、身体をめぐるもうひとつの問いに逢着することになる。

第3章　美の表象とレトリック

文学における身体描写の比重

個人的なことを言わせてもらうならば、私はこれまで十九、二十世紀の近代フランス小説をおもに研究してきた。もちろん、それ以前の作品を読むことはあるし、小説以外の詩や戯曲や評論などを無視するわけでもない。本書を含めて、最近は近代フランスをめぐる文化史的、あるいは社会史的な書物を著わすことが多くなってきたが、その場合も出発点にあるのは文学、とりわけ十九世紀の小説である。

一九七〇年代末頃まで、日本のいくつかの出版社から「世界文学全集」と銘打って、外国文学の翻訳が刊行されていたことを、ある世代から上のひとたちは記憶しているだろう。ていねいな函入りで、五十巻あるいは百巻という大がかりなシリーズものとして出版されるのが通例であった。そのなかにはホメロスの叙事詩や、シェークスピアの戯曲や、ルソーの自伝や、中国の説話文学なども含まれているが、大部分は十九、二十世紀の西洋の小説であった。岩波文庫の赤帯シリーズとならんで、文学における当時の日本人の教養主義を培っていた文化装置、と言えるかもしれない。現在の視点から言えば、それによって「世界文学」を代表させていたことが、文学＝欧米流の近代小説という、偏狭な図式をかたちづくることに加担してしまったのだろうが、私自身、学生時代はそのような懐疑心をあまり抱くこともなく、「世界文学全集」を読み耽ったものだった。文学部に籍をおき、外国文学を研究しようというのであれば、代表的な作品群を読破して置くのは常識だろうという意識もはたらいていた。

　そのなかでもバルザック、スタンダールからフローベール、ゾラ、モーパッサンまで、ジェーン・オースティン、ディケンズからトマス・ハーディまで、ゲーテからホフマンまで、ゴーゴリからトルストイ、ドストエフスキーを経てツルゲーネフまで、さらにはメルヴィルやホーソーンといった十九世紀の作品を偏愛した。

　そして当時から今にいたるまで、気にかかっていることがひとつある。十九世紀の小説は、なぜあれほどまで執拗に登場人物たちの身体的な細部を描いたのか、ということである。いや身体的な細部だけではない。衣服、家具調度類、建物、町並み、風景、自然、機械装置、労働空間にいたるまで、いわゆる「描写」という言葉で総称される文学的要素に費やされるページがきわめて多い。描写のほかに会話、心理や感情の分析、社会や歴史をめぐる解説、行為や行動、といったものが小説のディスクールの構成要素として考えられるわけだが、十九世紀の西洋小説の特徴のひとつは、描写の占める比率が高いということである。[*1]

それは当然のことながら、物語の語りのスピードを緩めるから、次に何が起こり、どういう結末にいたるのかを性急に知りたがる現代の読者には、まだるっこしいという印象をあたえるだろう。長ったらしい描写のページは飛ばしてしまう、という読者も少なくない。一例をあげるならば、バルザックの代表作のひとつ『ゴリオ爺さん』の冒頭部分は、物語の舞台となるパリの貧しい界隈に位置する下宿屋ヴォケール館を描いているが、邦訳の文庫版にして一〇ページ以上にわたって続くその描写に、辟易《へきえき》してしまう現代日本の読者は多いに違いない。

今フランス文学における身体の描写にかぎってみても、十九世紀前半のバルザックから、後半のフローベール、ゾラ、モーパッサンを経て、二十世紀初頭のジッドやプルーストにいたるまで、小説家たちは作中人物、とりわけ女性たちの身体を詳細に喚起してやまなかった。髪や目のかたちと色、額、眉毛、鼻筋、口元、顎、首、うなじなど、人間の相貌をかたちづくるあらゆる要素が列挙され、描かれる。女性たちの胸の魅惑的なラインが強調され、コルセットによってあらわにされる細い腰にまなざしが向けられる。そして彼女たちがまとっている衣服の素材、カット、色彩などもこまかに示される。

　それは、たとえば十八世紀のルソー、ディドロ、ラクロ、アベ・プレヴォーらの作品との大きな違いであるように思われる。彼らにとって主要な関心は人物たちの心理や感情の動きであって、その身体的な細部ではなかった。ルソーの『新エロイーズ』（一七六一）のヒロインであるジュリ、アベ・プレヴォーの代表作『マノン・レスコー』（一七三一）のヒロインについて、われわれはその性格や、たゆたう心理を知ることはできるが、彼女たちの身体や衣服について知ることはほとんどないのだ。

　また一般的に言って二十世紀文学、とりわけ戦後の現代小説においても、人物描写の量的、質的な重要度はかなり低下しているという印象を受ける。カミュやサルトル、その後のヌーヴォー・ロマンの作家たちにおいてしかり（アラン・ロブ＝グリエの場合、ものや空間の描写は詳細をきわめるが）。そしてそれが単に人物描写の問題というにとどまらず、より広く言って人間観、世界観の問題でもあることは、あらためて指摘するまでもないだろう。彼らの作中人物はしばしば明確なアイデンティティーを欠いているし、ときには名前さえない。匿名であるということは、名前を奪われていることであると同時に、身体を奪われていることでもある。アイデンティティーの揺らいでいる人間をめぐって、明瞭な身体イメージを提示することは不可能である。カフカ以降、それは肥大した現代社会のさまざまな組織や機構を前にしたときの、個人の無力感の証言にほかならない。

女の美しさ／美しい女

そのような次第で、身体は、十九世紀から二十世紀初頭にかけての文学において無視しえないテーマである。個人が個人として物語に登場し、みずからの意志と行動によって運命を切りひらき、その結果をみずからの責任において引き受けた作中人物たちは、われわれ読者の脳裏にしばしば強烈な個性として痕跡を残す。歴史的に実在した人物と同じように、あるいはそれ以上のリアリティをもって、われわれは物語に登場する虚構の人々の姿や、相貌や、運命を記憶してはいないだろうか。その強烈な個性の刻印は、作中人物たちの身体イメージとも無縁ではないはずである。そして前章で述べたように、男は見つめるまなざしであり、女は見つめられる客体にほかならなかったから、物語における身体の問題は、とりわけヒロインたちにおいて大きな意義をもってくるだろう。

　小説のヒロインたちは、ほとんどつねに美しい女性である。言葉の普通の意味で美しくないときでも、なにかしら独特の魅力をたたえた女性である。身体的に凡庸な女性は、近代小説においてヒロインになる資格を認められていないのではないか、とさえ思われるほどだ。十九世紀以降の近代小説のヒロインが読者に明瞭な相貌のイメージを残すとすれば、それは彼女たちの表情や、姿態や、しぐさが細かに描かれていることと無関係ではあるまい。

たしかにそれ以前の文学においても、ヒロインはつねに美しい女性である。しかし古典主義時代の作品にあっては、女性は美しいと形容されることはあっても、美しい女性の身体が詳細に描かれることはない。換言すれば、ヒロインは作家が美しいと命名するから美しいのであって、彼女の美しさが具体的な細部として喚起されているわけではない、ということである。したがってその美しさは、漠然と「美しい」という形容詞で示されるものにすぎず、それぞれの女性の美しさが個別的に、他の人物たちと差異化されるかたちで描かれることはほとんどなかった。彼女たちの美しさは抽象的であって、具体的ではない。

それにたいして十九世紀の作家は、女性の美しさを一般的に語ったのではなく、美しい女たちの身体を個別的に描いた。身体は彼女たちの個性の不可欠な一部にほかならず、身体を欠いたヒロインというものは想像できない。作家は美しい女をどのように語っているのだろうか。その身体の表象をいくつかの作品にそくして見てみよう。

それは一つの幻のようであった

まず男と女が出会う場面。それは古今東西を問わず、物語においてもっとも魅力的で、もっとも心ときめく場面のひとつである。[*2] 現代では恋愛映画やテレビドラマにおいて、男女の出会いの場面がいかにもドラマチックな舞台装置のなか、ドラマチックな音響効果を用いて設定されることは、あらためて言うまでもないだろう。二人のまなざしが交錯するとき、周囲の世界は凍りついたように一瞬停止し、沈黙が支配して、それが二人の人生を変えるだろうことを暗示する。文学の領域では数行、あるいはせいぜい数ページにすぎない出会いの場面は、作品全体のなかで占める量はわずかなものにすぎないが、それが物語のその後の流れを大きく規定するという点で、説話論のレベルで決定的な重要性を持つ。ヒロインの美しさは、彼女を見つめる男の脳裏のみならず、読者の脳裏にもしっかりと刻印されてしまう。

そのような場面の典型的なケースのひとつは、フローベール作『感情教育』の冒頭に読まれる場面であろう。パリからセーヌ河を遡って地方に向かう蒸気船の甲板で、主人公フレデリックはひとりの女性の姿に、眩暈《めまい》にも似た衝撃を覚える。

それは一つの幻のようであった。

彼女は腰掛けのまんなかに一人かけていた。少なくとも、青年の眼をうったまぶしさに、ほかの人間の姿は見わけられなかったのだ。彼が通るとき、女はひょいと顔を上げた。彼はもう無意識に肩をかがめた。そして、少し離れて、同じ側にいってから、はじめて女のほうに眼をそそいだ。

それは一つの幻のようであった。帽子をかぶった女性の肖像、レーマン作。

女は幅のひろい麦わら帽子をかぶり、そのばら色のリボンが風にゆれて背になびいていた。編んだ黒い髪が長い眉のはしをふちどり、ずっと低くたれて、うりざね顔をやさしくおさえているように見えた。明るい水玉模様の紗の着物が幾つもの襞《ひだ》になってまわりにひろがっている。何か刺繍《ししゅう》をしていた。筋のとおった鼻、あご、その全身が空色の背景のなかに、くっきりと浮かび上がっている。

女がいつまでたっても同じ姿勢のままなので、青年は自分の所作をまぎらすために、何度も左右に歩きまわった。それから、腰掛けに立てかけた女の日傘の近くに立って、河上の小船を見ているふりをした。

今までに、これほどの小麦色した肌のつや、胴あいの美しさ、陽《ひ》にすきとおって見える指のしなやかさを、見たことがなかった。青年は女の裁縫籠を何か不思議なものでも見るように、呆然と眺めていた。なんというひとだろう？ 住所は、身の上は、その過去は？ 彼はこの女のいる部屋の家具、今まで身につけた衣裳、つきあった人、みんなを知りたい心地がした。そして、肉体的にわがものにしたい欲望さえ、それよりもっと深い望み、果しのない、苦しいほどの好奇心のなかに消えてしまっていた。[*3]

自分の前に忽然と現われたひとりの女。その女の目も眩むようなまばゆい美しさに、一瞬、外部の世界が消えさってしまう。女の姿を見きわめるためには、彼女からいくらか離れたところに身を置かなければならないほどである。こうしてフレデリックは、女が被っている帽子、まとっている衣裳に目を向け、容貌の細部を認識する（黒い髪、眉、うりざね顔、鼻、顎、肌の色つや、しなやかな指、魅惑的なウェスト）。場面の焦点はフレデリックの視線に据えられていて、まなざしの方向はまったく一方的であり、女のほうからは何の反応も示されない。青年の思考や、感情や、欲望などは喚起されているし、女の過去や身の上を知りたいというほとんど不謹慎なまでの好奇心にも言及されているし、女をめぐる彼の夢想や妄想は、際限もなく肥大していく。他方、女は自分を見つめる男のまなざしに気づいてはいるだろうが、彼女の内面は読者には未知のままである。

見つめる男の錯綜した内面性は、見つめられる女の謎めいた美しさ、透明な外面性と際立ったコントラストをなす。女が何を想い、何を感じているか、読者にはまったく分からないのだ。青空を背景にしてじっと動かない女を、フレデリックは近づくのを恐れるかのように遠くから眺めるだけにすぎない。離れた場所から賛美の対象となり、触れがたい偶像のように見つめられる見知らぬ女——それがアルヌー夫人という名の人妻であることを、われわれは後になってから教えられることになるだろう。見つめられる女と見つめる男。不動の姿勢をくずさない女と、見つめていることを隠蔽するために、せわしなく無益に動きまわる男。フレデリックのアルヌー夫人にたいする愛は、その後も物語の全編をつうじてつねに無気力で、受動的なものであり続ける。出会いの場面における二人の身体の位相は、その後も変わることのない彼らの関係を象徴的に露呈しているのだ。

運命の出会い

『感情教育』においては、男のまなざしが女の身体の表面をなぞるだけだが、初めての出会いのときに、いきなり身体的な接触が起こってしまうこともある。それが無意識的な所作、あるいは偶然の出来事ではなく、意図的に行なわれた行為である場合には、その接触が当事者の運命を変える事件になりうる。バルザックの『谷間の百合』のなかで、主人公フェリックスがモルソフ伯爵夫人にはじめて遭遇するのは、ある舞踏会の折のこと。その場の雰囲気になじめず、不機嫌な顔でソファに腰かけていたフェリックスのそばに、ひとりの女性がやって来る。

> 一人の女性が、巣に舞いおりる小鳥のような身ごなしで、私の脇《わき》に腰をおちつけました。そのとたん、女性の香りがたちのぼり、それは私の心に達してきらっと輝きました。のちに東洋の詩が心に輝いたときのようにです。隣を見やった私は、舞踏会にもまして目を奪う一人の女性の姿をそこに見いだしました。そしてその女性が私には舞踏会のすべ

て化したのです。[*4]（石井晴一訳）

「巣に舞いおりる小鳥」のような、名前も相貌も分からないひとりの女性。軽やかなイメージとともに出現した女は、まずその気配と香りによって青年の知覚の領域に入ってくる。「目を奪う」の原語は《éblouir》という言葉であり、文字どおりに訳せば「目が眩む」という意味である。先に引用した『感情教育』の場面もそうだったが、いわゆる「一目惚れ」が生起する出会いの場面においては、男が女の美しさに圧倒され、まぶしさのあまり瞬間的に盲目状態となり、言葉を失う。そして外部の世界がその密度を喪失するのである。フローベールにあっては、アルヌー夫人以外のひとの姿が見えなくなり、バルザックにあっては、女性の存在が舞踏会という空間をたちまち包摂してしまう。両者の違いは、『谷間の百合』の作家がフェリックスによって凝視される女の肩の白さ、かたち、肌のなめらかさなどを詳細にたどってゆくということである。

ふいに私は、丸みを帯びた彼女の白い肩に目を打たれ、その上をころげまわりたいという気にとらわれました。その肩は、はじめてあらわにされたことを恥じるかのように、うっすらとばら色を帯び、そこにはつつましやかに魂が息づいて、なめらかな繻子《しゅす》の肌《はだ》は、絹布のように光を映しています。私の目は手よりもいっそう大胆に、その背を左右に分ける、一本の線にそってすべっていきました。胸をはずませながら身をのばし、その胸もとに目をやった私は、つつましく薄衣《うすぎぬ》におおわれながら、非の打ちどころなく丸みを帯び、やわらかくレースにつつまれた、青みがかったその胸のふくらみに、ただうっとりとして見とれました。その顔のどんな細かな部分をとりあげても、心のなかに無限の喜びをよびさますに足りるのです。少女のようななめらかなうなじの上で、しなやかにくしけずられた髪の光沢《つや》、白く残った櫛目《くしめ》のあと、すべてが私を夢中にさせ、私はすがすがしい小路でも走りまわるように、その櫛目にそって走るところを心に描きました。そして、だれにも見られていないのをたしかめると、母親の胸に身を投げだす子供のように、この背中の上に身をかがめ、顔をすりつけながら、肩一面に唇をおしあてました。[*5]（同前）

女は男に背を向けているから、その顔や表情は見えない。男は、自分を見ていない女の身体を心ゆくまで凝視し、視線の大胆な動き、いやほとんど暴力的とさえ呼べるような動きで、撫でるように肩や、胸や、髪や、うなじを見つめる。ここではまさしく、まなざしが女の肌の上をすべるように進み、その意味で触覚的である。女との出会いがまず嗅覚によって（「女性の香りがたちのぼり」）、次に触覚によって喚起され、まなざしの遭遇はない。

ここでわれわれ読者は、見る男／見られる女の関係が濃密なエロティシズムと官能性をまとう場面に立ち会っているのだ。バルザック以前に、男の欲望に無防備にさらされた女の身体のディテールを、これほど官能的に、そしてこれほど慎ましく描いた作家はおそらくいない。女は男に見られていることにさえ気づいていないのだから、これはいわば《覗き》の場面であり、正統的な出会いの場面のコードから逸脱していると言えるだろう。その逸脱はフェリックスがいきなり、ほとんど荒々しいしぐさで女の白い肩に接吻してしまうにおよんで、頂点に達する。

だがそれは、けっして猥雑な逸脱ではない。なぜなら、突然の接吻に怒りの色を示し、羞恥心を傷つけられたことにたいして正当な抗議の声を発する女は、フェリックスの目のなかに賛美の念を読みとると、怒りの表情をくずしてその場を立ち去っていくからだ。女は、みずからの美しさゆえに犯された違反行為を許すものである。フェリックスはこの出会いによって、みずからが変貌したことを自覚する。

そして小説の最後で読者は、じつは女の生涯もまたそれによって決定的な転機を経験したことを知らされるのである。モルソフ夫人が、自分の死後フェリックスに読んでもらうために残した遺言とも言うべき手紙のなかで、このときの彼の接吻が彼女の眠っていた官能をよび覚ました、と赤裸々に告白しているのだ。病気がちで気難しいモルソフ伯爵との幸うすい結婚生活を耐えしのんでいた彼女にとって、それは愛の啓示であり、悦楽の予感にほかならなかった。そのような啓示や予感をみずからに隠し、フェリックスにたいしてつねに天使的な女性として振る舞い、プラトニックな関係を破らなかったモルソフ夫人は、臨終のときが近づくにおよんで、みずからの満たされなかった官能の疼《うず》きを語り、妻であり母である自分のなかに、愛を求めるひとりの女がいたことを打ち明けるのだ。

『感情教育』においても『谷間の百合』においても、語り手は、出現した女が端的に美しいと述べているわけではない。そうではなくて、語り手は男が見つめる女の身体のさまざまな部位を列挙し、身体がまとう衣裳の色や、かたちや、光沢を記述しているのである。そのようにして身体の表面をなぞる男のまなざしが、そして満たされるかどうか分からないその欲望が、見つめられる女を「美しい女」に変貌させるのだ。

恋する女

文学のなかで女性の身体の細部が詳しく描かれるのは、出会いの場面にかぎらない。出会いはときめきをもたらすが、まだ快楽は約束されていない。愛を予兆させてくれはするが、官能のほとばしりを確約してはくれない。近代フランスの作家たちが美しい女の身体を描いてみごとな才能を発揮したのは、はじめて目にした女よりも、ひとたび快楽を知り、みずから欲望を口にするようになったときの女の場合である。彼らは恋する女の身体をしきりに主題化し、その変奏をさまざまなしかたで響かせようとした。愛の至福は女の感情だけではなく、その身体と生理まで変貌させてしまう。少なくとも、近代作家のなかで圧倒的な多数者であった男性作家たちはそう考えていたようである。

たとえば『ボヴァリー夫人』のヒロインが、ロドルフと森のなかではじめて不義の関係を結んだ後、自宅にもどって鏡を覗きこむ。

> しかし自分の姿を鏡のなかに見たとき、エンマはわれとわが顔に驚いた。眼がこんなに大きく、こんなに黒く、こんなに深ぶかとしていたことはついぞなかった。ある霊妙なものが全身にめぐって、エンマの姿を一変させたのであった。
>
> エンマは、「私には恋人がある！　恋人がある」と繰り返した。それを思い、それにまた、二度目の春が突如として自分に訪れたことを思ってしみじみ嬉しかった。今まであきらめていたあの恋の喜び、あの熱っぽい幸福をいよいよわがものにしようとするのだ。[*6]

はっきりとは定義しがたい何か、「ある霊妙なもの」がエンマの身体にみなぎって、彼女の相貌に変化をもたらす。彼女は、道ならぬ恋の喜びゆえに美しくなったのだ。そのことにエンマは、鏡でみずからの顔を見てはじめて気づく。ここで露呈されているのは、鏡を前にした女のナルシシズムではなく、みずからの予期せぬ変貌を認識した女の快い驚きにほかならない。実際、文化史的に言って鏡と美しい女は相性がいい。大きな姿見の前に立つ女、鏡に見入る女、あるいは手鏡をもつ女は、絵画の領域でも好んで取り上げられたモチーフである。

やがて、エンマの美しさがあふれるばかりに咲き誇る時期がやってくる。

　このころほどボヴァリー夫人が美しく見えたことはなかった。彼女は歓喜と感激と成功から生まれる得《え》もいわれない美しさ……気質と境遇の調和にほかならぬ得もいわれない美しさを持っていた。肥《こや》しや雨や風や日の光が花を育てるように、彼女の欲望、彼女の悲哀、快楽の経験、つねにわかわかしい夢のかずかずが次第に彼女をはぐくんだ。そして彼女はその天性にみちあふれてついに花咲いた。瞼《まぶた》は、瞳《ひとみ》がうっとりと消え入るような果てしない恋のまなざしのためにわざわざ刻《きざ》まれているように見えた。はげしい息

しどけない姿で手鏡に見入る女性。恋の悦びを反芻しているのだろうか。[左]
作者不詳の「鏡の前で」(1890)と題された作品。外出から帰って着替えている場面であろうか。大きな鏡がブルジョワジーのあいだに普及するのは19世紀になってからで、女性のナルシシズムを表象するときの恰好の小道具であった。[下]

づかいは小さい鼻孔をふくらませ、むっちりした口もとをつりあげた。光がさすと、すこしばかりの黒い産毛《うぶげ》がその口もとに影をつくった。束《つか》ね髪が首筋《くびすじ》にたれているところは、まるで、しどけない風情を描くに巧みな芸術家の仕わざかとも思われた。髪は日ごと不義の褥《しとね》に解けるがまま、無造作に、重い束に巻かれていた。声はいっそう柔らかな抑揚を帯びてきた。からだもまたそうであった。見る人のからだにしみとおるような霊妙なあるものが、彼女の服の襞《ひだ》や土ふまずの曲線からさえ発散した。シャルルは彼女を結婚当時のようにみずみずしく、たまらないほど美しく思った。[*7]

ここでは、「美しい」という言葉がいくどか繰りかえされている。ただしその美しさは、艶やかに着飾った女の美しさではないし、優雅で洗練された身ごなしの女の美しさでもない。身体の細部（瞼、瞳、口もと、髪、首筋）が叙述されているが、細部そのものの造形的な美が際立っているわけでもない。フローベールが描くエンマの美しさは、たとえばバルザックが『浮かれ女盛衰記』のなかで高級娼婦エステルの姿態を記述するときのように、絵画的な用語で強調されているのではない。そうではなくて、欲望と快楽によって満たされ、内面から湧きあがる充足感にひたるエンマの身体から発する「霊妙なあるもの」が、彼女を美しい身体として男たちの目に映じさせるのである。美は実体ではなく効果であり、本質的な属性ではなく形相の問題なのだ。

不倫の恋に耽り、その悦楽ゆえに蠱惑《こわく》的な肉体と化したひとりのブルジョワ女。小説のヒロインが美しいことには何の不思議もないし、なんら疚《やま》しいこともないだろう。そして夫シャルルが、妻の魅力的な姿にあらためて刮目《かつもく》するのも、ほとんど好感のもてる反応であると言えるかもしれない。女性の身体が男たちにとって欲望の対象になることは、物語のドラマ性を高めるための要件でさえあろう。

しかし、そのような説話論的な正当性にも拘らず、この一節は『ボヴァリー夫人』を「公序良俗に反する」として起訴した第二帝政期の検察当局に、眉を顰《ひそ》めさせたのであった。それは、禁じられた愛ゆえにエンマが美しくなったということ、それによって不倫という反社会的な行為が美化され、正当化されているとみなした検察側が、そこに「猥褻《わいせつ》さ」と「不道徳性」を嗅ぎつけたからにほかならない。現代であれば、引用文のなかに恋する女の濃密な官能性を読みとるものの、スキャンダラスな猥褻さを感じとる読者はいないだろうが。

こうして見てくると、文学作品のなかで美しい女を形象化するという一見なにげない身振りが、《女》や《美》をめぐって意外なほど複雑な問題をはらんでいることがあきらかになってくる。それは単にひとりひとりの作家の個性や感性だけで説明される現象ではなく、時代や文化の底流とふかくきり結ぶ問題であるように思われるのだ。「美しい女」（お望みなら「美しい男」も含めよう）とは、文化的な表象なのである。となれば、その表象を支えるコードやイデオロギーが存在するに違いない。

美人の基準はいかに変化してきたか

なにごとにつけ、われわれの趣味は人さまざまである。好みは十人十色、蓼《たで》食う虫も好き好きということになろう。そのような趣味の相対性は、とりわけ女性の美しさ（あるいは男性の魅力）をめぐる判断において、はっきりと露呈するようである。

誰もが美しいと認める女性などめったに存在しない、ということをわれわれは経験的に知っている。誰かが美しいと褒《ほ》める女性が自分にはまったく凡庸に見えたり、逆に、自分が美しいと思う女性が他人にはまったく注目されなかったりする。惚れてしまえばあばたもえくぼ、と俗諺《ぞくげん》に言う。女性の美しさは、単に造型的な要素だけで決まるのではなく、言葉遣い、身のこなし、しぐさ、知性などが関与するだろうから、その女性との接触の密度によって、人々の判断も異なるのが当然だからである。要するに、女の美しさほど主観的なものはなく、したがって歴史的な議論や、美学的な分析にこれほどふさわしくない対象もないと思われるかもしれない。

だが、個人的なレベルで言えば主観的な好みの問題にすぎないにしても、ひとつの文化圏における女性美の理想を跡づけてみると、そこにはたしかに歴史的な変遷が看取されるのである。

たとえば、平安時代の絵巻物に描かれている引き目鉤鼻《かぎばな》の女性や、江戸時代の浮世絵に見られる女性たちは、現代人の感覚からすればけっして美人のカテゴリーに入ることはないだろう。彼女たちは、テレビ、映画、雑誌といった現代のメディアが流布させている美しい女のイメージからは、ほど遠いように思われる。美しい身体、あるいは身体の美しさは普遍的なものではない。絵巻物や浮世絵はかならずしもレアリスムではなく、そこに描かれている女たちが、当時において実際に存在した美人たちをただしく表象しているとはかぎらない、という反論もあるかもしれない。けれども今たいせつなのは、それらの作品が実際に存在した女たちを忠実に再現しているかどうかということではなく、同時代の人々が美しいと見なしていた女のイメージを反映しているだろう、ということなのである。『源氏物語』に想を得て作られた絵巻物に登場する女性たち、ヒーローに愛される高貴な女性たちが、美しさという属性を欠いていると想像することはむずかしいし、歌麿や春信らは、端的に「美人画」を描いていたのである。

ではヨーロッパでは、女性の美しさはどのように捉えられ、どのように表象されてきたのだろうか。フランスの歴史家カトリーヌ・フーケとイヴォンヌ・クニビレールの著作『何のための美しさ』（一九八二）を参照しながら、その変遷をたどってみよう。[*8]

ヨーロッパ中世のキリスト教は肉体を否定した。神の国に向けての霊的な救済をもとめていたキリスト教徒にとって、地上の生はかりそめのものであり、その生を宿す肉体もまたかりそめのものにすぎなかったからである。重要なのは魂の救済であり、肉体とそれがはらむ欲望や誘惑は救済の邪魔をすることはあっても、それを促すことはない。とりわけ女性の身体は男たちにとって致命的な罠《わな》と見なされ、貶《おとし》められた。そのような状況に変化がおとずれるのは、ルネサンス期になってからのことだ。この時代に人々は、かつて古代ギリシア・ローマ人たちがそうであったように、ふたたび人間の身体の美しさ、とりわけ女性の美しさを称えはじめた。ネオ＝プラトニズムの影響のもとに愛が価値あるものとされ、美はその愛にとって不可欠の要件とされたからである。ルネサンス時代の芸術家たちにとって、美は抽象的な概念に可視的なかたちを付与するための手段にほかならなかった。

ラファエロやティツィアーノ、さらには十七世紀バロック美術を代表するルーベンスの作品にあきらかなように、当時のヨーロッパ人が好んだのは豊満な女性の身体である。なぜか。

経済的、社会的に見れば、丸みをおびた豊かな身体は富と閑暇を象徴するしるしであり、そのかぎりにおいて、優越性を示すものだったからである。イタリアやフランドルの画家たちは、それぞれの国が繁栄を誇っていた時代に活躍し、その繁栄をいわば芸術的な形象として示すために、女性の身体美をキャンヴァスに定着させたと言えよう。また心理的に見れば、女性性をことさら際立たせることによって、男と女の差異を強調する必要があった。豊満な女の肉体は、母性や家庭生活へと運命づけられた女性の地位をあらためて確認し、それによって男性が支配する社会の秩序に寄与するとされたのである。性的な差異を認めることは、社会の安定を保証するための条件であった。

十八世紀の啓蒙哲学において、女性は本質的に人間という種族の《雌》と考えられた。『女性の肉体的、精神的体系』（一七七五）と題された書物の著者ピエール・ルーセル博士によれば、身体は「女性の本質 la nature féminine」を構成するものであり、魂、身体、性は女性において密接にからみあっている。そして《雌》であるからには、生殖という営みに奉仕することが、当然のことのように求められるだろう。こうして女性の身体を記述する際には、生殖に関する部位がこまかに示され、母性を引きうけることが女性の宿命であるかのように強調されたのである。

フランスの十六世紀から十八世紀にかけての王政時代、美の規範を定めていたのは宮廷の貴婦人たちである。女性たちの美しさは、当時多く使用されるようになった白粉や香水によるところが少なくない。美容術がすでに生まれていたのである。髪に粉をふりかけるという慣習は十七世紀に始まり、ブロンドや栗毛色の髪粉がさかんに用いられた。女性専用の髪結いがパリにはじめて登場するのが一六三五年で、その後ヨーロッパ全土におよぶ名声を獲得することになるだろう。十八世紀の新聞・雑誌には、すでに化粧品の広告まで掲載されていたという。そうしたなかで、ヴァトー、ブーシェ、フラゴナールといった同時代の画家たちが描いてみせた美しい女性とは、全般的にいって軽やかさや、優雅さや、気品をそなえた女性たちである。高貴で、どこかしら威圧的な美しさよりも、陽気で、みずみずしい美しさが好まれるようになったのである。

　十九世紀前半のロマン主義時代に入ると、健康的でみずみずしい女性ではなく、青白い、どこかしら病的な女性が評価された。少なくとも文学者や芸術家たちのあいだでは、まるで死に瀕しているかのようにやつれ、青白い肌をし、頬がこけ、眼が落ちくぼんでいるようなさまが、女性に洗練された雰囲気をもたらすと信じられたのだった。ほとんど身体性を感じさせない、あるいは透明な身体をまとったような、なにかしら病的な若い女性——それがロマン主義によって顕揚された美しい女性のイメージである（たとえば、ナポレオンの后ジョゼフィーヌを描いた有名な肖像画を想い起こしてほしい）。

そのような女性はしばしば、萎黄病に苦しみ、結核に蝕まれていたに違いない。すでに述べたように、十九世紀の社会的表象においては結核と芸術的才能が分かちがたく結びついていたから、青白く病的な女性は、美しさと才能をあわせもつ存在になりうる資格があったのだ。女たちは痩せるために酢を飲み、レモンを食べ、夜っぴいて本を読んではわざわざ目に隈をつくろうと試み、結核患者のような顔立ちになろうとして、オレンジ色がかった黄色い白粉でメイクアップまでしたという。こうして、肉体的なものや物質的なものを離れ、純粋で精神的なものを追求しようとする「天使的傾向 angélisme」と言われる流れが、女性をめぐるロマン主義的な感性を支配することになった。

他方、これに対立するようなかたちで十九世紀半ば以降あきらかになるのが、ブルジョワ的な女性美のモデルにほかならない。ブルジョワの女性たちはけっして過度に化粧したり、あからさまに人目をひくような衣裳をまとったりしないが、しかし豊かになり、政治的な権力を握ったブルジョワジーの自信と矜持を示すよう要請されていた。男たちが、公の場ではほとんどつねに黒い服に身を包まなければならなかっただけに（それゆえボードレールは、男たちを「喪に服す性」と名づけた）、女たちの身体と衣裳は、彼女たちが属する階級の社会的威信を顕在化させるよう期待されたのであった。

たとえば、ルノワールやジャン・ベローの絵に描かれたブルジョワ女たちは、優雅で、

18世紀フランスを代表する画家の一人フランソワ・ブーシェ（1703-70）の「ポンパドゥール夫人」（1759）［右］と、ピエール＝ポール・プリュードン（1758-1823）の「皇妃ジョゼフィーヌ」（1805）［上］。ポンパドゥール夫人はルイ15世の愛人、ジョゼフィーヌはナポレオンの最初の妻である。どちらも時の最高権力者から愛された女性の肖像画ということになるが、一方は、軽やかで健康的な美しさを感じさせるロココ的な身体であり、他方は、けだるげで、どこかしら病的な繊細さをただよわせるロマン主義的な身体である。

ルノワール「シャルパンティエ夫人と子どもたち」(1878)。落ち着いた室内でくつろぐ母子の姿はブルジョワ的な秩序を象徴する。

いかにも柔らかそうな肉体をもち、背中から腰にかけてのラインは官能的な曲線を描き、腕は丸みをおび、手はぽっちゃりとかわいらしい。座っているときは、脚を組んだり、椅子の背にもたれかかったりしないし、おおげさな身振りもしない。絵のなかの彼女たちは、しばしば子供を伴っており、母親であることを示すようなさまざまなしるしが配列されている。ブルジョワジーの価値観によれば、あらゆる女性は母になることを運命づけられており、母である女性だけが美しくなることを正当に要求できるのだ。女性の美しさは、夫が社会的に成功したことの反映であり、子孫を生み、家系の存続をたしかなものにした者にあたえられる褒賞にほかならない。それはまた、家庭の幸福というプライヴェートな内面性を可視的なものにし、社会的な安寧を象徴する身体的な符牒でもある。要するに、女性の美しさは、ブルジョワ的な秩序が身体的なレベルで具現したものであった。

ルノワール「都会のダンス」（1883）。ルノワールは女性の身体を描いた画家として記憶される。

美は特権性のしるし

女性の美しさは相対的なものである。美しさの基準は時代と社会によって異なり、その基準は同時代のひとたちの感性とふかく結びついている。

しかしその変化と多様性にも拘らず、通時性のレベルで確認できるのは、長いあいだ、美しさはごく一部のかぎられた女性たちにのみ許されていた特権だったということである。身体を飾り、華麗な衣裳をまとい、安楽な生活に耽ることのできた女性たち、豊かさと閑暇を享受できた女性たちだけが、美しさを手に入れられたのだ。その意味で美は、支配集団がみずからの階級的な卓越性を見せびらかすための記号であった、とも言えよう。ヨーロッパではしばしば奢侈《しゃし》禁止令が出されたが、それは過度の贅沢を抑えるためであるとともに、いやそれ以上に、そもそも下層階級に贅沢さという誘惑を禁じるためでもあった。ひとは経済的、社会的にめぐまれているときにのみ美しくなることができる、つまり美は富や権力とふかく結びついている。貧しい女は美しくなることはできない……。このような選別と排除の論理が、暗黙のうちに身体観を規定していたのである。

十九世紀の医師たちも、同じような見方に立っていた。たとえばモロー・ド・ラ・サルトは『女の博物誌』(一八〇三)のなかで、次のように述べる。

> 美は、特別の配慮を必要とする。それは絶えず維持し、改良し、あえて言うならば培い、開花させなければならない。というのも、美は文明と富裕の輝かしい産物にほかならず、未開の状態においては、そのあらゆる属性やあらゆる魅力を発揮することができないからである。そしてまた美は、つらい仕事や貧困の作用として表われることもない。[*9]

要するに、美はそれを創りあげ、保ち、ときには改善できるひとにのみあたえられる権利だということである。自然状態が、ただそれだけで人間の美しさをもたらすことはない。文明と文化の恵みを享受することによってはじめて、美しさは開花する、とモロー・ド・ラ・サルトは主張してはばからないのだ。そして言うまでもなく、文明と文化の恵みを思うがままに享受できたのは、ごく一部の階層であった。女性の美は生まれるものではなく、つくられるものなのである。女性の美しさとは人工的な産物であった。そこには社会的、経済的な差異化のメカニズムがたくみに刷り込まれている。

近代日本の美人観

ここで、近代日本において女性の美しさがどのように表象されてきたか、少し見ておきたい。単なる逸脱ではなく、後に十九世紀フランスのブルジョワジーが定式化した女性の美をめぐる観念を分析するとき、興味深い比較対象になってくれるはずである。

明治以降の日本の美人観というテーマになれば、井上章一の『美人論』（一九九一）を想起しないわけにはいかない。井上によれば、女性がその身分や家柄に関係なく、美しさゆえに社会的な上昇をなしとげられるようになったのは、明治時代のことだという。江戸の封建体制下であれば、厳密な身分階層にもとづき親が結婚相手を決めていたから、容姿がすぐれているからといって出世することなどほとんどありえない。明治政府は身分制を解体し、華族から平民にいたるまで通婚の自由を認めたから、それにともなって容姿の占めるウェイトが高まり、美しさへの欲求が増す。伊藤博文や木戸孝允といった明治の元勲たちが、しばしば芸妓あがりの女性を正妻に迎えたのは有名な事実である。視察などをつうじて欧米の風習に接し、社交において夫人が大きな役割を果たすことを認識した明治の政治家や役人は、美しいと同時に、話術や社交のマナーをこころえていた花柳界の女性たちを評価するようになったのである。「芸者美」が明治の女性美を代表したということは、長谷川時雨《しぐれ》がすでに『近代美人伝』（一九三六）のなかで指摘しているところである。

ちなみに、近代ヨーロッパにおいても、身分の卑しい、あるいは素性のはっきりしない女性が、みずからの美しさと社交術によって権勢を振るうにいたったという例は少なくない。スコットランド出身の舞姫ローラ・モンテス（一八一八―六一）は、バイエルン国王ルードヴィヒ一世の寵愛をえて、ランツフェルト伯爵夫人の称号をあたえられ、国王の政治にまで容喙《ようかい》した。また、第二帝政期（一八五二―七〇）のフランスでは《ドゥミ・モンデーヌ》と呼ばれた高級娼婦たちが、パリに豪華な邸宅を構え、政治家、財界人、芸術家などを集めて、華やかな社交サロンを催していた。

こうして、江戸時代であればとても正妻の座につけないような女性たちが、その美しさと社交術によっていわゆる「玉の輿」に乗るという風潮が、明治期に広まったらしい。長谷川時雨は、そのような風潮を「中堅家庭の道徳の乱れた源となった」[*10]と嘆いたが、もはや押しとどめがたい流れであった。美しさによって下層社会から上層社会に入りこむ女性たちが増えるにつれて、彼女たちは家柄や血統といった既成の秩序を脅かすようになる。伝統的な秩序観は、美しい女たちの社会上昇をうとましく思ったに違いない。

そうした理由もあってか、明治・大正期に刊行された修身の書物では、美人が手ひどく

第二帝政期に浮き名を馳せたドゥミ・モンデーヌ、ラ・パイヴァ。彼女がシャン＝ゼリゼ大通りに構えた豪邸には、時の有名人たちが集った。

断罪されていると、井上章一は多くの例を引きながら示してみせる。美人はうぬぼれで、堕落しやすく、徳がなく、虚栄心によってしばしば身を滅ぼしてしまう。他方、特に美しくもない女には心立てのやさしい、美徳にあふれる女性が多い……。当時の人生論は、美人を徹底して貶めるというのである。現実生活ではいざ知らず、言説のレベルでは、美しい女はまさしく迫害される者にほかならない。典型的な例をひとつあげておこう。

> ああ不幸なるかな、美人といふもの。美人は既に病あり。路べの花は見る人々の手折られざらむや。美人にして穢るることなくして満足に生ひたつべしや。美人と聞かば心せよ。美人と知らば疵物《きずもの》と思へ。美人は路傍の花なり。ただ醜婦ひとり禁園の楼なり。（中略）美人はおのが美はしきを知るより外に一つの能もあることなし……美人に愛あることなし。世に愛なきばかり不幸なるはあらじ。[*11]

美しい女は病に冒されやすく、人目をひくがゆえに誘惑にさらされ、堕落することが多い。何よりも、美しい女はほんとうの愛というものを知らず、それが彼女の最大の不幸である、というのである。ちなみに同時期のヨーロッパでは、美しい女が妬みをかって迫害されるというのが、しばしば大衆文学やメロドラマのテーマになっていたが、美しい女が愛と無縁であるという議論は見当たらない。後述するように、むしろ美は愛が芽生えるために必要な条件と考えられていたのである。美人罪悪論は、明治・大正期の日本に特異な現象と言えるかもしれない。

容姿端麗な女性がそれゆえに非難されるとなれば、それに代わる理想の女性像とはどのようなものだったのか。

当局側が、そのような女性像を規定しようと試みたことがある。女性をめぐる審美観を、権力が規定しようとしたのである。たとえば明治時代に、学者、官僚、医師、軍人などからなる、衛生学の研究と普及をめざす「大日本私立衛生会」という団体があり、この団体が一八八四年、「衛生美人」という美人観を提唱した。それまで美人といえば、「身体薄弱にして不幸短命なる」ことが多かったが、衛生学的な意味での美人とは健康なひとのことを指す。青白い美しさではなく健康美を、というわけである。要するに、美的な判断と衛生学的な判断をすりかえたわけだ。

また第二次大戦中には、大政翼賛会が美人観の刷新をうったえ、「翼賛美人」の理想をひろめるために、「新女性健康美十則」を定めて一九四一年一月の新聞に発表したという。そこには容姿や顔立ちについての記述はまったくなく、もっぱら体格や体つきの問題が強調されている。戦時中の「生めよ殖やせよ」の国策にのっとり、多産型の体つきが推奨されたのである。ここでは、衛生学的な配慮にくわえて、政治的、軍事的な思惑がはたらいている。しかし、こういったイデオロギーにも拘らず、二十世紀半ばまでは、ほっそりした体型、繊細な顔立ち（とりわけ瓜実顔）、いくらか病的な容姿、不安げな色白さなどが、一般大衆の女性美の理想だったようだ。

　そのような理想の転機を、井上は両大戦間の時期、とりわけ一九二〇年代にみている。明治期の美人罪悪論が退潮し、美しい女を肯定的に語りだしたという変化に対応するものである。その価値づけの要素として指摘されるのは、健康が美をつくるというイメージであり、表情の豊かさを評価しようとする姿勢であり、知的素養が美しさのひとつの要件になったことであり、外で働く女性の魅力に人々が注目するようになったという変化である。すなわち病的な雰囲気から健康へ、無表情から豊かな表情へ、無知から知性へ、怠惰から勤労精神への移行が、美しい女の表象に大きな変化をもたらしたのだ。そしてこの表象は、基本的には現代にまでつながっている。

ブラゾン、あるいは身体の断片化

話を西洋に戻そう。

女の美しさ、あるいは美の表象が時代によって移り変わるとなれば、それを論じる作法もまた変わっていくはずである。

ルネサンス期のイタリアでは、美しい女たちがさかんに絵に描かれたばかりでなく、美人の条件をめぐってさまざまなディスクールが綴られ、「美人論」が流行していた。岡田温司は『ルネサンスの美人論』のなかで、そのような著作の例としてアーニョロ・フィレンツオーラ『女性の美についての対話』（一五四八）と、フェデリコ・ルイジーニ『美しき女性の書』（一五五四）に触れている。どちらも対話篇の形式をとりつつ、顔や身体のひとつひとつの部位について、どのような造作が美しい女にふさわしいかを吟味しているという。女性の身体を細かな部分に断片化し、断片ひとつひとつの理想的な形象を定め、それらを組み合わせることによってひとりの美女を描きだすというレトリックである。女性の身体の美しさを、断片的な細部のつらなりとして捉えるというやり方は、ルネサンス期にあっては一般的な記述スタイルにほかならなかった。

では、フィレンツオーラやルイジーニは美人をどのように思い描いていたのだろうか。岡田がその著作のなかで「断片のレパートリー」として訳出してくれたページから、いくつか例をあげてみよう。フィレンツオーラによれば、髪は繊細なブロンドで、長く豊かで、明るい日の光のように輝いているのがよく、額は広く、高く、ゆるやかなアーチを描いているのが望ましく、眉は黒く、絹のように繊細で、中央から端に向かってゆっくりと甘美に細くなっていくのが理想である。目について言えば、瞳は濃い黄褐色や青色が美しく、他の部分は白くなければならない。口は愛の甘美さの泉であり、小さいほうが好ましい。唇は薄からず厚からず、その鮮紅色がまわりの肌色から浮きたつのがよい。うなじは円く、華奢で、白くて、しみのないのが望ましく、胸ははっきりと気づかないほど徐々に膨らんでゆき、薔薇色に染まったような純白であるのが美しい。

次にルイジーニの意見。長く、ふさふさと豊かで、上質の純金にも似た色の髪は女性におおいなる品格と優雅さをもたらす。額は広く、高くあるべきであり、眉は漆黒で、細く、繊細なアーチ形が美しい。目は熟したオリーヴかビロードのように黒いのが望ましく、美しい瞳は男を愛の虜《とりこ》にする。唇はボッカッチョの比喩を用いるならばふたつの小紅玉であり、女性に少なからぬ優美さをもたらす。うなじは、その色を白鳥、ユリ、雪、あるいは象牙にたとえるにせよ、とにかく純白であるのが理想である。そして胸は、真っ白で、小さく、丸く、生き生きと引き締まっているのが好ましい。[*12]

二人の叙述には、絵画、彫刻、建築などルネサンス時代のおもだった芸術ジャンルへの言及がしばしば現われる。数学的な均衡、比例、調和などは芸術的な営みにおける基本的な美のコードであり、女性の身体をめぐる議論もまた、そのようなコードと深く結びついていた。

身体の断片化という現象は、当時の文学にも見られる。フィレンツォーラとルイジーニがともに引き合いに出すペトラルカ（一三〇四―七四）は、理想の女性ラウラを謳った詩集『カンツォニエーレ』において、ラウラの身体をいわば細分化してしまう。あこがれの女性は、美しい目、口、手足、髪などの部分として読者に示されるのみで、その全体像を提示されることはないのである。ここでは、美の断片と化した女性がその現実性を失ってしまい、美しい女性という存在は、一種の不在のフィクションになっている。美しい女を表象することが、ときに現実の女性の不在を演出することにつながっていった。

このペトラルカの影響に強く染まったフランス十六世紀の文学には、具体的なものや人、あるいは観念などを、賛美や弾劾のかたちで叙述する「ブラゾン」という詩のジャンルが存在し、女性の身体もその対象となった。その火付け役はクレマン・マロ（一四九六―一五四四）。イタリアのフェラーラに滞在して、当地の詩人たちとも交流のあったマロは一五三五年に、「美しい乳房のブラゾン」と題されたエピグラムをフランスに送る。

卵よりも白い　ゆたかな乳房よ、
真新しい白繻子の乳房よ、

薔薇をも恥じらわせる
何ものよりも美しい乳房よ。[*13]

白い乳房をことのほか称賛し、女性の美を構成する不可欠な要素と見なしているのは、フィレンツオーラやルイジーニと共通する。修辞上の遊び、あるいは文学的な戯れの要素もあるとはいえ、特定の部位だけにまなざしを向ける営みには、なにかしら覗き見趣味が感じられるだろう。「ブラゾン」は、女性の身体のそれぞれの部分をフェティッシュ化し、欲望の対象にしていくジャンルである。マロの詩句が刺激となって、同時代のおもだった詩人たちがその後、女性の身体のさまざまな部位を取り上げて、競うように「ブラゾン」を創作した（そのなかには、「眉のブラゾン」や「額のブラゾン」を書いたモーリス・セーヴも含まれる）。それらの作品は『女体の解剖学的ブラゾン』という総題のもとに、一五三五年から一五五〇年にかけて編纂される。

このタイトルからも窺われるように、女性の身体の全体ではなく、ひとつひとつの部分を個別的に描くという手法は、当時発達しつつあった解剖学のインパクトを示している。女性の身体は、全体を部分の集積として分類づけ、目録を作成し、それらを整理し、それをつうじて身体を統御し、支配しようとするまなざしの浸透作用を受けているわけだ。フランセット・パクトーはそこに、「砕かれた美」のコードを読みとった。[*14] 十六世紀ヨーロッパの詩人たちは、女性の身体にそなわるエロスそのものを断片化したのである。

二十歳の娘の肖像

時代は下って十九世紀、女性の身体にそそがれる視線を代表していたのは、医者や衛生学者たちである。彼らは病の治療や、保健衛生といった予防学的な使命をみずからに課していたばかりでなく、人間の身体を積極的に美しくし、日常的なケアをつうじて改良するための方策についてもまた、しばしば提言を行なった。

『女性における人間美に関する一般衛生学。その改善、維持、そしてその衰えを防ぎ、それと闘うための方法について』（一八五一）と題された書物の著者オーギュスト・ドゥベー博士（一八〇二―九〇）によれば、あらゆるものがそうであるように、人間の美しさもまた進歩の法則に従う。定義することがむずかしいと認めながら、ドゥベーがくだす身体的な美の定義とは次のようなものである。

> 身体の美しさとは、感覚と魂に快い印象をあたえるのに適した特質の集合である。つ

まり、見るひとの目を魅了し、賛嘆や愛の感情を芽生えさせるのに適した特質の集合である。[15]

そしてこの美しさを構成する要素としてあげられるのが、かたち、均整、各部位の結びつき、肌の色、そしてとりわけ「優雅さ grâce」である。「優雅さは、美にとって不可欠な補足物である。身体にたいする優雅さの関係は、ちょうど花にたいする香りの関係にほかならない」。[16]

ドゥベーは、美しさが国や時代によって異なることを知っているし、それが風土や環境、風俗や制度によってさまざまに維持されたり、衰退したりすることも認めている。男女の性差について言えば、十九世紀の社会でひろく承認されていたように、ドゥベーもまたはっきりした二分法に与する。男の美しさをもたらすのは「力強さ」と「たくましさ」であり、女の美しさをもたらすのは「繊細さ」と「優雅さ」である。こうして彼は、美しい二十歳の乙女の理想的なシルエットを描いてみせるのだが、それは、若さと美を特権的に享受する女性の理想的な肖像、いわば女性美の「理念型」にほかならない。少し長い引用を許していただきたい。

彼女の美しいからだにおいては、いたるところで線がこころよく波うっている。その線はいたるところで、ビロードのようになめらかな表面をすべり、ゆるやかな曲線を描き、甘美な隙間のなかに入り込んで、しだいに消滅していく。容貌をもっと詳しく調べるために顔までさかのぼるならば、まず、それだけでもっとも豪華な装飾品に値する長くてすばらしい髪が賛嘆の的になる。瞳のなかでは、欲望と、愛と、けだるさが官能的に混じりあい、ほほえみによって美しくなった口には、幸福の予感が読みとれる。というのも、枝に咲いた花が果実を約束してくれるように、口元に漂うほほえみは快楽を約束してくれるからであり、ある学者も述べたように、快楽の生物体にたいする関係は、引力の無機物にたいする関係に等しいからである。胸の部分に視線を転じてみると、そこではふたつの魅力的な半球が丸く盛りあがり、これからやって来るであろうお客のためにあらかじめ据えられた快い宴のようになっている。そして人々は、思わずその甘美な輪郭をなでるように見つめ、その魅力には抗いがたい力があることを感じてしまう。そしてさらには女性の肌のなめらかさと白さ、触れるだけでぞくっとするような手の柔らかさ、ウェストのしなやかさ、立ち居振る舞いの優雅さ、歩くときの軽やかさ、絨《じゅう》毯《たん》や花の上を歩くためにしかできていないかのような足の繊細さ——こういったものすべてが、女性は本質的にひとの気に入られ、ひとを魅了し、愛し愛されるためにつくられた存在である、ということを告げている。[*17]

二十歳の乙女のからだを、文字どおり頭のてっぺんから足の先まで舐めまわすようにたどる視線、それは言うまでもなく欲望にみちた男の視線にほかならず、その視線は女の身体の上に快楽と、官能性と、幸福の予感を読みとろうとしている。医師によって書かれた科学的な著作の体裁をまとい、医学的なディスクールを展開するドゥベーの書物にあって、この引用文は、ほとんどスキャンダラスなまでに窃《せっ》視《し》症《しょう》的な一節ではないだろうか。「見ることは、触れることから導きだされた」というフロイトの言葉が、きわめて説得的に響いてくるほどだ。

作者の視線は、まず女の身体がかもしだす全体的な雰囲気を喚起し、それが示す魅惑的な隆起と窪み、すなわち身体の表面によって描かれる曲線を称える。つづいて頭髪、目、口、胸、手、ウェスト、足といった身体の部位へとまなざしが移動し、立ち居振る舞いや歩き方といった動作にまで評価のまなざしが向けられる。ルネサンス期のように身体を断片化してはいるものの、ここでのまなざしは断片化そのこと自体を目的にしているのではなく、あくまで個別的な部位の魅力をたどった上で、女性の身体を全体として欲望の対象にしているのである。そして二十歳の女性が美しい、あるいは美しくあるべきだとすれば、それはとりもなおさず「愛し愛される」ためにほかならない。美しさは愛のために、というわけである。

四十年後、やはり医師であったポール・マランが『男女の美しさ――それを獲得し、増すための手段』(第五版、一八九一)のなかで採用した視点も、ドゥベーのそれとほとんど違わない。たしかに身体の美は相対的なものだが、一般に流布している考え方によれば、美とは調和であり、秩序である、とマランは言う。そして、調和ある身体は賛嘆と快楽を生じさせる。十九世紀末のフランスで女性の美しさを構成する要素と見なされたのは、次のようなものである。

> からだの先端や角をあまり目立たせないような丸みをおびた輪郭と曲線、引き締まっているが、しなやかでなめらかな肉体、ほっそりして、しかし過度に細くないウェスト、適度の肉付きのよさ、優雅な身のこなし、表情豊かなまなざし、繊細な手足、そして白くすべすべした肌[*18]。

丸みをおびたからだの輪郭線、ほっそりしたウェスト、白くなめらかな肌、さまざまな想いを秘めた雄弁なまなざし――そういったものが、十九世紀後半のフランス社会で嘆賞

オーギュスト・トゥールムーシュ（1829-90）の「少女とバラ」（1879）。若々しい肢体、上品なしぐさ、優雅な白いドレス。女性が嗅いでいるバラの香りをみずからも発散するかのようなその身体は、男たちが夢想した愛される女のイメージを反映するものだろう。

された美の規範であった。それはとりもなおさず、コルセットで上半身を締めつけて、肩からウェストを経て腰にいたる曲線ラインを強調し、適度に官能的な肢体をもち、肌が白く、悩ましげなまなざしをしたブルジョワ女性にほかならない。

なぜ女性の美しさが価値あるものとされたのか

女性であれ（あるいは男性であれ）、自然であれ、芸術作品であれ、美しいものを愛でるのは、人間にとってきわめて根源的な反応に違いない。また、男が女に（そして女が男に）関心を持つことは、ある程度まで生物学的な必然でもあろうから、近代ヨーロッパの男たちが女の美しさや身体について倦むことなく論じてきたのも、とりたてて異とするに足りないのかもしれない。

ただ、十九世紀フランスの医師や衛生学者たちの著作をていねいに読んでみると、女性の美しさを語ることのうちには、それだけではかたづけられない次元が潜んでいることに気づく。感情的な次元、衛生学的な次元、そして倫理的な次元の三つである。

まず、美しさは愛が生まれるために不可欠の要件であり、愛こそは女性にとって生涯の一大事である、と彼らは異口同音に唱える（これにたいして、明治期日本の倫理は美しい女性が愛を知らないと非難していた)。『医学事典』の「女性」の項目を担当したヴィレーによれば、女性は愛と優雅さによって男性の庇護をかちえるのであり、もっとも女性らしい女性がもっとも情熱的な愛を芽生えさせるとされる。すでに言及したように、同時期のマンヴィルも『女性の医学的、哲学的歴史』(一八四五)において、美しさ、とりわけ妙齢の女性の美しさは、まさしく愛を生まれさせるためにあたえられたものであり、愛されることが女性の幸福にほかならない、と言明していた。

第二に、美しいということは健康だということの証しである。ひとは健康でなければ美しくありえない。「衛生とは健康であり、健康とは若さである」[*19]とカヴェは言う。美しい女性は、身体的にも精神的にも健全な女性であり、したがって妻として、母としての責務をつつがなくまっとうできる女性ということになる(この美=健康というイデオロギーは、近代日本にも流布した)。家庭の安寧と子孫の確保を重視していた当時のブルジョワジーにとって、美と健康は切り離せないふたつの価値であった。もちろん現実には、若い女性たちは寄宿舎や、家庭のなかに閉じこめられ、上半身をコルセットに締めつけられ、しばしば結核や萎黄病といった病気に悩まされていた。だからこそ、十九世紀の医師たちは女子教育にダンスや屋外でのスポーツを取り入れるよう進言したし、世紀末になると学校や寄宿舎でも、女子生徒のために水泳をはじめとする体育教育が組織されるようになった。

そして第三に、女性にあっては美しくあることがほとんどひとつの義務である。ふたたびカヴェを引用しよう。

　わたしたち女性が会得すべき技術があるとすれば、それはわたしたちの若さと美しさを保つ技術でしょう。というのも、女性はただ女性であるというその一事ゆえに、永遠に若く、美しくあらねばならないもののようですから。（「序文」）

女性であること、女性性《フェミニテ》それ自体が美を要請すると同時に、妻になるという運命が美しさを求める。女性は働く夫を支えてやらなければならず、そのために「若さと美しさの魅力を入念に維持することは、女性にとって義務にほかなりません」[*20]。
義務という言葉は、美の倫理的な側面をあらわす。結婚前の若い女性の場合、処女性と無垢は美しくなるための前提であり、医師のみならずブルジョワ男性一般にとって本質的な価値であった。当時の女性において、美と貞潔は連動するのであり、貞潔でない女性は美しくありえない（明治時代の日本では、まさしく正反対の論理が唱えられていた。美しい女には「疵物《きずもの》」が多く、貞潔とは無縁であるとされていたのだから）。道徳的な不純さと放恣な生活は、健康やみずみずしさにとって有害であり、女性を醜くするだろう。十九世紀西洋の男たちは、娘や妻に美しくあることを求め、それを倫理の名において正当化していたのである。

こうして女性たちは、感情的、衛生学的、そして倫理的な理由づけから、美しくあることがみずからの幸福と自己実現につながるのだと思いこまされた。美しくあること、そしてそれ以外のなにものでもないことが、女性の心理的安定を保証するだろうと考えられた。そのような期待と要請は女性たちにとってしばしば苦痛に感じられ、ストレスの原因にもなったことだろう。他方で男性のほうは、《美しさ》を無条件に価値づけることによって女性の身体をひたすら対象化し、《美しさ》がまるで社会の論理と家庭の秩序に合致するものであるかのように振る舞ったのである。

このような思考を十九世紀のヨーロッパ男性の愚かしい偏見、腹だたしい独断にすぎない、と一笑に付すこともできよう。しかし、そのような見方は現代社会においてもけっして消滅したわけではない。現代フランスのある医師、しかも女性の医師は、一九七七年に出版された『女性と身体』と題された書物のなかで次のように述べているのである。

ひとから見て気持ちのよい女性、素敵な妻、美しいお母さんであること、それは単なる身体的な態度の問題ではない。それは女性の人生を成功させるための計画に関わる問題なのである。なげやりな振る舞いを抑制し、自尊心をもち、快い人間になろうと努めることが、肝要なのだ。現代女性の生活は、みずからの身体と感受性に対する勝利にほかならない。[*21]

《美しさ》は《女らしさ》の特質のひとつである。そしてフランス人だけでなくアメリカ人もまた、美しさや女らしさが不可避的に課してくる規範から自由ではありえない。スーザン・ブラウンミラーは、現代アメリカ社会が何を美しさや女らしさの構成要素と見なしているか、詳しく叙述してみせた。[*22] 体型、シルエット、下着へのこだわり、痩せることへの強迫観念、長いブロンドの髪（それは女らしさの象徴であり、ときには危険な官能性のしるしともされる）、色白で体毛の少ない肌、なめらかで調和のとれた態度や身ごなし、命令口調を抑えた柔らかな言葉遣い……。こういった女らしさは生物学的な根拠をほとんど持たず、社会的・文化的につくられるものだ。そしてブラウンミラーによれば、アメリカ人女性の《女らしさ》は、男性にたいする女性の経済的、および精神的な依存性を正当化するためのイデオロギーとして機能している、ということになる。彼女たちは歴史的にみても、男社会を生きのびるための戦略として女らしさを利用してきた（あるいは利用せざるをえなかった）し、現在でも、他の女性以上に女らしさを身につけようと熾烈な戦い

20世紀初頭のベル・エポック時代に流行した絵葉書は、理想化された女性のイメージをひろく流布させた。かつての絵画や版画がそうであったように、いまや写真が女性の美と魅惑を大衆化させる表現メディアになったのである。女がやさしく男にキスされるシーンは、絵葉書が好んだ場面。

を演じている。

このような《女らしさ》と《美しさ》の要請に、女性たちはどのように対処したのだろうか。また、女の美しさの規範を定めようとした男たちは、美しくなるためにどのようにすべきだと忠告したのだろうか。美しくあることは単にあたえられた身体の問題ではなく、同時に人工的な配慮の問題でもあるはずだ。それは自然と文化、個人の選択と社会の束縛が分節化する場であるだろう。美しさは創造され（あるいは捏造され）、規定され、多かれ少なかれコード化される。すなわち、女性の美しさはすぐれて身体技法に関わるテーマになってくるのだ。

II　身体の規範化

第4章　表層の形成

美は表面的なものにすぎぬというひとがいる。あるいはそうかもしれない。だが、少なくとも思想ほど表面的ではないでしょう。ぼくにとっては、美は驚異中の驚異だ。ものごとを外観によって判断できぬような人間こそ浅薄なのだ。この世の真の神秘は可視的なもののうちに存しているのだ。見えざるもののうちにあるのではない。

（オスカー・ワイルド『ドリアン・グレイの肖像』、福田恆存訳）

「しかし、外観よりも、内容を尊重するのは、べつにおかしなことでもないでしょう……」

「容れ物のない、中身を、尊重することができますか？……信用しませんね……私は、人間の魂は、皮膚に宿っているのだとかたく信じていますよ」。

（安部公房『他人の顔』）

身体の沈黙をめざして

十九世紀のヨーロッパは、公的な空間のみならずプライヴェートな場においても、きびしい道徳を課そうとした時代として知られている。当時のイギリスに長いあいだ君臨したヴィクトリア女王にちなんで、ときに「ヴィクトリア朝的道徳」とも呼ばれるこの厳格な道徳は、もちろんつねに貫徹されていたわけではなく、あらゆる道徳の陰にひそむ背徳性ゆえもあって、その偽善性を指弾されることも多いのだが、いずれにしても、人々の意識に無視しがたい拘束力として作用したことは否定できない。その点で、身体の作法も例外ではなかった。

具体的な身体の運用に際してこまかな規定を課すこと、それによって身体を教化すること、あるいはフーコー流に言うならば「柔順な身体」をかたちづくること、それが当時のブルジョワジーが構築した身体文化の基底にあった考え方だと言えるだろう。子供と大人、男性と女性を問わず、規範に飼いならされた身体が求められたのである。いかなる状況においてもみずからの身体を正しく律し、自発的に身体の自己規制を行なえることが「文明化の過程」の論理であった。子供たちにたいしては、エラスムスの『子供の礼儀作法について』(一五三〇)以来、数多くの礼儀作法書が著わされて、食事の作法、睡眠や排便のしつけ、会話のルールなど生活上の基本的なルールを教えこむ試みがなされてきた(礼儀作法書については、次章であらためて論じる)。男たちは学校、そしてとりわけ軍隊で身体の規律をたたきこまれた。

ちなみに、明治以降の近代日本においても、軍隊と学校が身体の訓育という点で決定的な意義をもっていたことは、三浦雅士が『身体の零度』のなかで強調しているところである。軍事的なものであれ、民間のものであれ、制服が近代日本人の身体をかたちづくり、それが産業活動に投入されることによって、殖産興業のイデオロギーをになっていったのだ[*1]。

女性がみずからの身体を統制する術《すべ》を実地に学んだのは、おもに修道院と寄宿舎である。十九世紀の貴族やブルジョワの女性たちは、若い頃の一時期をしばしば修道院で過ごした。それは何も最終的に修道女として神につかえる身になるためではなく、上流階級が娘たちにほどこす教育プログラムの一環として、数年のあいだ修道院に送りこむという慣習があったからである。そして修道院を出て両親の家に戻り、数年してから結婚するというのがお決まりのライフコースであった。『ボヴァリー夫人』には、ルーアンの修道院で過ごした夢想にあふれる娘時代を、ヒロインが悲哀とノスタルジーをこめて思い出すという一節を読むことができる。モーパッサン作『女の一生』（一八八三）の主人公ジャンヌも同じ体験を共有しており、作品はそのジャンヌがある修道院の営む寄宿舎を離れ、両親のもとに戻る場面から始まるのである。

　フランスの歴史家オディール・アルノルドの『肉体と魂――十九世紀の修道女たちの生活』（一九八四）を読むと、当時の修道院が女性の身体の教化という点で決定的な意義をもっていたことが分かる。[*2]

　修道院には、修道女たちの立ち居振る舞いを規定するための規範集があり、立ち方、座り方、歩き方、あいさつの仕方、話し方などが驚くほどこまかに定められていた。額や小鼻にしわを寄せてはならない。口はぽかんと開けたり、逆にぎゅっと締めたりしてはならない。喜怒哀楽をあまりはっきりと顔に出すのは下品である。気取った身だしなみ、ひとを小馬鹿にしたような様子、ぎくしゃくした動作、大胆な表情、不謹慎な身振りなどは避けるべきである、云々。

　一八五七年に刊行されたトルッソンの教則によれば、頭は垂直の状態に保ち、高く上げすぎても低く下げすぎてもいけないし、上半身を曲げたり傾けたりしてもいけない。目をきょろきょろさせること、大声で笑いだすこと、片足だけに体重をかけること、饒舌なこと、あまりに速く歩くことや走ることも禁止される。娘たちは、いわばほとんどつねに直立不動の姿勢をもとめられ、感情や情動を抑えつけ、身振りや言葉によるコミュニケーションを徹底的に抑圧されたのである。身体とその表現が、凍りついたような沈黙を強いられたのだ。

とりわけ、外界の刺激を伝える感覚器官は絶えず監視された。十六世紀のイエズス会神父ロドリゲスが著わし、十九世紀に六十二回も版を重ね、修道院の生活規範に大きな影響力をおよぼしたとされる『謙譲、慎み深さ、沈黙に関する論考』は、感覚器官が悪を導きいれる扉だと断言してはばからない。

> 慎み深さというのは、わたしたちのあらゆる感覚が鎮まるように、わたしたちの外面を整えることにある。（中略）感覚は、そこから悪がわたしたちの心に忍び入る扉にほかならない。したがって、この扉は厳重に見張る必要がある。[*3]

視線はとりわけきびしく検閲され、見たり見られたりしたいという欲望そのものが断罪された。ひとの顔を盗み見ることは、宗教的な戒律にそむく。いやそもそも、みずからの身体を見つめることさえタブーだったのだ。「修道女は、けっして自分のからだを見てはならない。例外は手だが、その手を見ることでさえ、つつましく行なうべきであり、できればなるべくしないほうがよい」。視覚だけではなく、聴覚や嗅覚や触覚も規制の対象になる。噂話などに耳を傾けてはならず、いい香りは避け、むしろ悪臭を求めるべきであり（したがって、たとえば悪臭の漂う病院を積極的に訪問するのがよい）、柔らかいベッドや肌に快い下着を用いてはならない、などなど。

　こうして快楽は排除され、俗世間の出来事は感覚器官がとらえる領野から締めだされる。ここにあるのはきびしい禁欲主義、ほとんど一種のマゾヒズムであろう。身体は徹底的に抑圧され、隠蔽され、いわばその存在そのものまで否定されているかのようである。身体に課された規律は、身体のあらゆる痕跡を消滅させることをめざしていた。修道女たちは、みずからが身体的存在であることを忘れるよう求められていたのだ。

衛生への配慮

　これは修道院という特殊な空間における、極端な事例にすぎない、という反論が返ってくるかもしれない。たしかにそういう面はあるが、しかし日常的な場でも、身振り、動作、コミュニケーションの方法などをこまかく規定し、制限しようとする意志はやはり強かった。

スウェーデンの画家アンデシュ・ソーンの「入浴」(1888)。フランスのドガもその例だが、19世紀後半の画家は入浴する女性をしばしば描いた。身体衛生が推奨された時代であり、画家にとっては日常性のなかの裸体を描く機会となった。

女性の足および脚は、フェティッシュな対象であった。

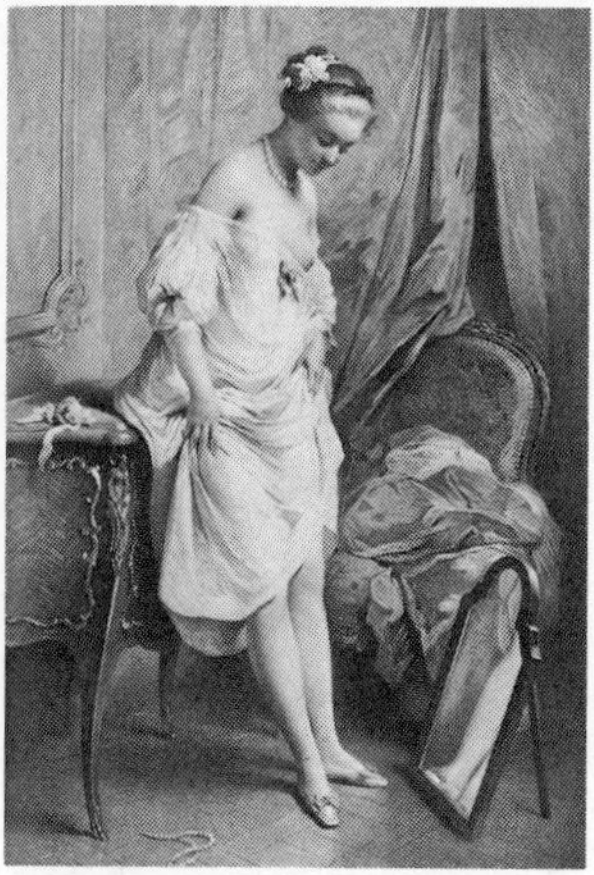

前章で示したように、十九世紀の女性たちにとって、美しくあることが愛されるための、すなわち幸福になるための条件であり、健康の証しであり、貞潔を保証してくれる担保だった。そして、人々は女性の美しさをこまかに規定し、コード化するのをためらわなかった。身体の美が規定され、コード化されるとなれば、その美をできるかぎり長く保つための手段や方法について語ることは、当然の成り行きであろう。それについて語ったのは医師であり、衛生学者であり、作家であり、エチケット本の作者たちである。美は、身体の表面を舞台にして展開する技法のドラマになっていく。

　この時代、清潔というのは単なる衛生上の問題ではなかった。ゴミや汚物でおおわれた街路や広場、汚染した河川、みすぼらしく汚らしい住居などが、悪疫や伝染病の原因として糾弾されていたから（たとえば、十九世紀のパリはしばしばコレラに襲われた）、清潔にすることはまず衛生上の要請であったのはたしかだが、しかし同時に、それは社会的な位相をまとっていた。街路や、民衆の住居に漂う悪臭が「貧困のにおい」と見なされ、そのかぎりにおいて社会的な脅威として排除されなければならなかった。公衆衛生をめぐる政策はそこで、貧しい民衆を浄化し、場末にうごめき、しばしば野蛮で粗野な労働者たちをいわば消毒しようとしたのである。彼らを清潔にすることは、彼らに健全な身体をもたらし、したがって労働や戦争に適した身体をあたえてやることであり、ブルジョワ的な身体規範を内在化させることをつうじて、彼らの野蛮さを払拭することにつながるはずだった。要するに、清潔さは彼らの身体的、精神的な改良に資するはずだと考えられたのである。清潔とは、文明化のプロセスの一要素なのだ。

　プライヴェートな空間においても、衛生に対する配慮はしだいに高まっていく。家庭から発するにおいが疎んじられ、家庭空間の脱臭化がはかられる。女性の身体をめぐって美と清潔の結びつきがことさら強調されたのは、このような衛生観がひろまったことと密接に関連している。

　すでに名前をあげたオーギュスト・ドゥベーがその代表とも言える男性の医師たちにと

って、女性の美しさは、何よりもまず衛生的な配慮を向けるべき対象にほかならなかった。かつてルネサンス時代の人々が女性の身体美を断片化した上で記述したように、ドゥベーは『髪の衛生学』、『顔と肌の衛生学』、『手足、胸、ウェストの衛生学』、そして『声の衛生学』といった一連の著作において、身体のそれぞれの部分と機能をめぐって、衛生学的なアドヴァイスを惜しみなく定式化しつづけた。先に言及した『女性における人間美に関する一般衛生学。その改善、維持、そしてその衰えを防ぎ、それと闘うための方法について』は、それら一連の著作の集大成であった。

カヴェにとっても衛生はきわめて重要な項目であり、『女性の身体美』（一八六八）のなかで肌、髪、歯、口、足などに関するこまかな規定を課している。たとえば「足」のケアがたいせつなのはなぜか。足は愛が生まれるに際して大きな役割を演じる。よく手入れされた足は手と同じほどに美しく、ふだんは隠されているだけに（当時のブルジョワ女性はいつでも、床や地面に届くくらいの長いドレスをまとっていた）、その美しさはいっそう男心をかき乱す。そしてまた、足は歩行や身ごなしを支える基盤である。[*4]

身振りとしぐさ

美しさとは清潔だけの問題ではない。それは、身体の動き、しぐさ、身のこなし、そして歩き方などによって醸し出される雰囲気の問題でもある。ドゥベーは、身振りや歩行をめぐって微に入り細をうがつような多数の規範を列挙するのをためらわない。あらゆる身ごなしは入念に管理され、あらゆるしぐさは、気品という効果を生み出すために調和を保つべきである。洗練されたしぐさの体系は美の要素であり、同時に、社会的な卓越性を示すことに寄与すると考えられたのだ。すでにバルザックは『歩き方の理論』（一八三三）のなかで、ぎくしゃくとせわしない動作は育ちの悪さを露呈するものであり、ゆったりした動作には威厳がともなうと語り、とりわけ女性のしぐさや動作については、その優雅さがまろやかな曲線によって産出されると主張していた。[*5]

ドゥベーによれば、座った姿勢において女性は左足の裏は床につけ、右足は左足の上に置くようにし、つま先だけを床につけ、踵は左足のくるぶしの辺りにくるようにしたほうがよい。この姿勢だと足首のラインが引き立ち、足がより華奢に見える。膝の上で脚を組むのは男のしぐさであり、女性は模倣すべきではない。背筋はまっすぐに伸ばし、肩は後

ろに引く。手に何も持っていないときは、手を握らずに開いたままにしておき、指をかすかに湾曲させれば優雅さが増す。花や扇などを手にしている際には、それをしなやかに取り扱うことによって、エレガントな身のこなしが際立つだろう。

歩く姿勢をめぐっても、こまかな忠告がなされる。歩くときは、こころもち外側に開いたつま先をまず地面につけ、次に踵を下ろすようにすべきである。歩幅は大きすぎても、小さすぎてもいけないし、歩き方はあまり速くても、逆にあまり遅くてもいけない。前進しているときは上半身をまっすぐにし、腰を上下左右に動かしてはならない。腹はいくらか引っ込め、臀部のふくらみが目立つようにするほうが美しい。首は垂直に、しかしあまりしゃちこばらないようにし、頭部にぎくしゃくした動きをあたえるのは避けるべきである。また歩いているとき、女性は一方の腕をベルトの高さに保ち、もう一方の腕をからだに沿って柔らかに垂らすようにする。散歩のようにゆっくり歩を進めるときは、両手をからだの前で組むのはいいが、からだの後ろで組むのは男性にふさわしい動作だから、絶対にしてはならない。[*6]

こうして日常的な動作やしぐさのレベルでも、十九世紀の女性の身体は美と優雅さの名において、じつにさまざまな規範を刷り込まれていた。「女らしさ」は、対人関係のなかできわめて明示的な、しぐさの領域においても厳密に定義されたのである。しかもそこには、男と女の性差のコードが付加される。膝の上で脚を組むことや、からだの後ろで手を組むのは「男にふさわしい」身振りであるとして、女性にたいして禁じられている。それがなぜ男にふさわしい身振りなのか、その根拠はまったく示されていないし、そもそも根拠などないのだろう。現代であれば、脚を組むことなど女性にとってもごく日常的な動作にすぎない。男にふさわしい動作と、女にふさわしい動作を区別したのは、男であるドゥベーの視線であり、しぐさにおける女性の美しさを規定しようとした彼のまなざしにほかならない。十九世紀半ばのフランスでは、男のディスクールが立ち居振る舞いの女らしさを規定していたのである。

愛されるための秘訣

ドゥベーやカヴェの著作に遅れること数十年、彼らと同じような精神を共有しつつ、しかし女性の作者によって書かれた著作が、十九世紀末から二十世紀初頭のベル・エポック期にかけて出版されることになる。書き手はしばしば貴族の女性であり、読者として想定されているのはおもに上流階級の女性たちである。ドゥベーやカヴェの著作と異なり、かならずしも医学や衛生学の知識に裏づけされたものではなく、経験的な知恵と実践的な忠告をつたえることを旨としている。その意味で美容のための「マニュアル」と見なすことができよう。

先にも触れたローラ・モンテスは美貌の誉れ高い歌姫で、バイエルン国王ルードヴィヒ一世の寵愛をうけ、一八四七年には爵位まであたえられた女性である。ただ晩年の国王に悪影響をおよぼし、政治的な判断を誤った方向にみちびいたともされ、一八四八年に民衆が蜂起し、ルードヴィヒ一世を王座から追放したときには、彼らの憎悪が国王の愛人にも向けられたという。その波乱に富んだ生涯は、映画監督マックス・オフュルスの傑作『歴史は女で作られる』（一九五五）で喚起されており、記憶にとどめている読者もいるだろう。このローラ・モンテスがアメリカに渡り、一八五八年ニューヨークで英語で出版したのが『女性の美容術』と題された書物。一八六二年に出たそのフランス語訳はちょうど手帳くらいの判型であり、女性がみずからのハンドバックに忍ばせておけるような体裁になっている。

「女性というものは自分自身にたいしてのみならず、社会にたいしても、できるかぎり美しく魅力的であるようにすべきである」[*7]と言明するローラ・モンテスにとって、美は、衛生学者たちにとってそうであったようにひとつの義務である。ただ、美貌で鳴らした歌姫であるにも拘らず（あるいはまさにそれゆえ？）、彼女があたえるアドヴァイスは現代のわれわれから見ても穏当で、ときにはかなり常識的なものである。

たとえば、からだの均整美を保つためには、野外での運動とバランスのとれた食事が必要であり、なめらかで弾力性に富む肌を維持するためには節制と、運動と、清潔が不可欠だとモンテスは言う。しぐさや立ち居振る舞いに関しては、自然らしさと慎みが強調される。気取りや誇張はなんの役にもたたない。しとやかで慎ましい身ごなしが、つねに女性を魅力的にしてくれる。謙虚と飾り気のなさこそ、美しさを引き立たせてくれる最良の補完物にほかならない。そしてアクセサリーは、すでに美しい女性には不可欠ではないし、美しくない女性には無益である……。

ローラ・モンテスは外見と内面の照応に敏感であった。人間の外見はその内面性を反映するものであり、われわれはひとの外見をつうじて内面性を判断することに慣らされている。顔は心を映しだす鏡であると言われるのも、故なしとしない。美しい顔とは、魂が高潔で、精神が無垢であることの証左である。顔のなかでも、とりわけ目は容貌を左右するだろう。われわれが美しい目というとき、それは色や、大きさや、形だけのことではなく、同時に、表情に富み、知性の輝きを示してくれるような目を思い浮かべるはずである。また、口元にかすかに漂う感情や情感も美の大きな要素であり、真っ赤な唇はすがすがしい健康のしるしにほかならない。

上流社会の女性たちに向けて書かれた美容術の著作というジャンルにおいて、世紀末からベル・エポック期にかけて大きな成功を収めた、スタッフ男爵夫人とトラマール伯爵夫人という二人のフランス人女性がいる。前者の『気に入られ、愛されるための秘訣』（一八九六）と、すでに第1章で言及した後者の『女性の日課書——美しくなるためのひそか

ジェームズ・ティソ「十月」（1877）。この女性は、同時代の身体作法やモードの規範を内在化した優美な身体を体現している。

な実践』（一九〇三）は、どちらも同じアヴァール社から刊行されたもので、当時の女性たちの身体をめぐる意識と実践に小さからぬ影響をおよぼした。まるで貴族の婦人という地位が、女性の美しさや気品について語る権利を保証してくれるかのように、この種の書物の作者には貴族階級に属している者が多い。流行やモードがしばしばそうであるように、身体をめぐる美意識もまた社会階層の上から下へと伝播していくのだろう。そうだとすれば、少なくとも十九世紀においては、女性の美はすぐれて階級性を刻印された表象だったと言える。

ふたつの書物は、女がみずからの身体を見つめ、みずからの身体について語った、当時としてはかなり大胆なジャンルに属している。十九世紀半ば頃までであれば、たとえばドゥベーがそうであったように、女の身体の細部を吟味し、その美しさを語り、対象化したのは男だった。世紀末にいたって、女が女の身体について率直に語るようになった、女がみずからの身体に評価のまなざしを向けることをタブー視する風潮がなくなった、ということだろう。そこから、たとえばコレットの作品に登場する人物のように、男の身体に大胆な視線を向ける女が出現するまでは、あと一歩の距離しかない。

　スタッフ男爵夫人の著作は、身体を論じた第一部「気に入られること」と、精神や感情を論じた第二部「愛されること」に截然と分かれている。第一部はさらに「健康」、「からだの優雅さ」、「体型の美しさ」、「運動とスポーツ」、「着こなしの技術」といった章を含む。第二部は主として会話と人間関係上のエチケットを論じたページで、礼儀作法書の様相を呈している。『気に入られ、愛されるための秘訣』は、女性たちにたいする警告から始まる。精神と同じく、肉体もまた絶えざる配慮の対象になるべきであり、わたしたち女性が美を失い、立ち居振る舞いの優美さをなくし、姿勢や身振りの気品を喪失するとすれば、それはとりもなおさずわたしたちの不注意と怠慢のせいである、というのだ。

身体の優雅さは、動作や身ごなしのしかたによって決定づけられる。物腰やシルエットはきわめて重要な要素で、

> 女性たるものは、ちょうど雲の上を歩く女神のようにほっそりとしていて、かつ丈夫でなければならない。苦しんでいるとき、女性の身体はその優美さを生み出す端正さを欠くことになるだろう。[*8]

呼吸の妨げになり、上品でないから、腕をからだの前で組むのはよくないが、からだの後ろで腕を組むことは、肺の活動を促進するから好ましい。いかなる場合であれ、無駄で見苦しい動作は避けるほうがよい。手にもった扇を気取らずに開いたり閉じたりするのは、

女性の手を美しく見せる手段のひとつである。歩くときは大股で歩いたり、駆け足をしたり、足を引きずったり、ぴょこぴょこ跳びはねたりしてはならない。上品な座り方をこころえているひとは少ないものだが、育ちの良い人間であれば、椅子に深く腰かけ、脚を組んだりしないなど、座り方の技術を体得しているものである、云々。そしてスタッフ男爵夫人が勧めるスポーツは散歩、ダンス、乗馬、スケート、となっている。

ジョヴァンニ・ボルディーニ「マックス夫人の肖像」(1896)。「雲の上を歩く女神のようにほっそりした」女性とは、このような女性のことだろうか。

《男性を征服すべし》

一九〇三年に出版され、二年後には第百版まで達したベストセラー、トラマール伯爵夫人の『女性の日課書――美しくなるためのひそかな実践』は、同じようなスタンスに依拠しながら、より大胆な言説を展開している。艶やかな女性が多様な衣裳や姿態のもとに描かれた図版を数多く掲載しているこの著作は、視覚的にも読者にうったえかけようとしており、作者の教育的な野心が強く感じられる。

　スタッフ夫人が美と礼節の名において女性の身体にさまざまな技法を習得させようとしたとすれば、トラマール夫人は幸福と快楽の名において、女性の身体を改善しようと試みる。というのも、世間で一般に信じられているのとは違って、男性が女性を追いもとめるのではなく、逆に、いくつかの障害やタブーにも拘らず、女性が男性を追いもとめているのが人間社会の現実だからである、と彼女は断言してはばからない。女性が用いるさまざまな技巧、コケットリー、モードやファッションは、ひとえに男性の目を引きつけ、男性から愛されるためなのだ。こうして著者は、みずからの書物の一章に「男性を征服すべし」という勇ましい標題をつける。トラマール夫人は、男によって見つめられる女の快楽を、なんの後ろめたさや恥じらいもなく肯定している。上流階級の女性が、主として同じ階級に属する女性読者たちに向かって大胆に快楽の追求をうったえ、その目的に達するための手段を詳述するという言説は、当時としてかなり衝撃的だったに違いない。

男に見つめられる女、あるいは男が見つめたくなる女とはどのような女なのか。トラマール夫人が描きだす「美女」のイメージは、次のようなものである。

審美的に言って美しい女性というのは、背丈は中くらい、小さいというよりはむしろ大柄なほうである。手首、足首がほっそりしていて優美であり、顔は小さい。髪は長く豊かだが、量が極端に多いわけではない。

からだのラインは曲線を描くべきであり、胸と腰がふくらみ、腹部はへこみ、ウェストは反り返っているほうがよい。

太ももは丸みをおび、膝は平らで、ふくらはぎが少しふくらんでいて、それが脚から足首にいたる部分にエレガントな線をもたらしている。足は小さく、きれいな形に反り返っている。腕は丸みをおび、骨格が目立たず、手首はほっそりとしなやかであり、手は長く、繊細で、肉付きがよい。顔はきれいな瓜実顔で、目は表情に富み、鼻は大きからず小さからず、鼻翼はバラ色で生き生きしている。口は小さく、真紅の色を添え、その口がかすかに開いたときには、小さく、きれいに並んだ、真珠のようにきらきらした歯が見える。頬と顎は丸みをおび、額は高すぎもせず低すぎもしない。[*9]

この「美女」のイメージを特徴づけるのは、身体のラインの豊かさである。身体を形容する要素としてはライン、形、大きさ、色（肌、髪、瞳）、肌の状態などがあるが、この引用文のなかで圧倒的に多いのは、身体の各部位の表層が描くラインなのだ。しかもそのラインは「丸みをおびている」、「反り返っている」というように、つねに曲線を呈する。バルザックもすでに、女性の優雅さは直線や角張った線と相容れないと述べていた。曲線の魔力。世紀末からベル・エポック期の人々は、女性の身体の波うつような、柔らかいラインに魅せられていたのである。文学の世界を例にとるならば、これはプルーストの『失われた時を求めて』に登場するオデットや、ゲルマント公爵夫人のシルエットを想起させずにいない。

個人によって嗜好が異なるとはいえ、これは現代のわれわれがいだく美しい女のイメージから、少し隔たったイメージではないだろうか。戦後、中産階級の女性たちが大量に労働市場に参入してきたのにともない、女性の身体は曲線への執着をしだいに放棄していったように見える。働く女性の身体と衣服は、直線や角ばったラインを厭わない。

身体の各部位をひとつずつ丹念にたどりながら、その理想的な形態やラインを記述するこの文章は、前章で引用したドゥベー描くところの「二十歳の乙女の肖像」を思い起こさせる。両者の違いは、ドゥベーの視線が女体の表層を舐めるようにすべり、ほとんど窃視症的な関心を露呈し、女体をあからさまな欲望の対象にしていたのにたいし、トラマール夫人にあっては、身体が造型的な、より正確には彫刻的なまなざしを浴びており、欲望の対象ではなく審美的な評価の対象として捉えられていることである。

ドゥベーの場合は、身体を叙述するディスクールのなかに、官能性や悦楽を示唆する言葉がふんだんに紛れ込んでいたが、トラマール夫人のディスクールにはそれがなく、形態の客観的な記述にとどまっている。たとえば、前者には女性の肌を触覚的に喚起するような一節が読まれたが（「思わず〔胸〕の甘美な輪郭をなでるように見つめる」まなざし、「女性の肌のなめらかさと白さ、触れるだけでぞくっとするような手の柔らかさ」）、後者にはそれがない。この差異は、女体に向けられた男の視線と女の視線のヴェクトルの違いに由来するものだろう。ドゥベーは、衛生学者のまなざしと同時に、欲望する男のまなざしを女の身体に向けざるをえなかったのであるが、女性の著者であるトラマール夫人は、女性の身体をエロティシズムや欲望の対象にする必要を感じなかったはずである。

スタッフ夫人と同じく、トラマール夫人も立ち居振る舞いの細部を入念に規定していく。

ボディラインの丸みを強調する
ベル・エポック期のモード。

ここでもまた「丸み」、「曲線」のオブセッションがあざやかに露呈する。立ち居振る舞いの基本となる上半身はほっそり、しなやかに、そして丸みをおびているほうがよく、ラインの緩みはコルセットを使って矯正できる。ウェストの魅力を保つためには、日々の運動や散歩が役に立つだろう。動作は淑《しと》やかで、慎ましいものでなければならない。女性たるもの、動作をつうじて魅力と優雅さを高めるべきであり、そのために「角を目立たなくし、甘美な丸みを獲得する」技法を習得したほうがよい。動作は官能的なものであれ、慎ましやかなものであれ、あるいはまた誇り高いようなものであれ、いずれの場合もなにがしかの高貴さや品格を失ってはならない。動作の優雅さは学ぶべきひとつの美学にほかならず、大きな鏡の前で動作の訓練をすることによってその美学に習熟できる、とされている。

歩く姿や座る姿は、つねに女性のシルエットを構成する不可欠の要素である。歩くとき、基本的にはからだを垂直に保ち、足を引きずったり、逆に高く跳ねあげたりしてはならない。歩き方には規則正しい調子とリズムをあたえ、「女神」のように軽やかに（「女神のように」という比喩《ひゆ》は、スタッフ夫人も用いていた）、滑るように歩くべきであるが、場所に応じていくらか変化をつけるのが好ましい。街路では、踵をほとんど地面に触れないように素早く足を運び、客間《サロン》に入ったときは、音を立てずに波打つように歩くこと。そして公共空間や教会では、足音の反響を抑え、影のように目立たない歩き方が望ましい。椅子やソファに腰かける際、どっと深く腰かけるのは品位を欠く動作である。からだの右半分を椅子やソファにのせ、左脚は斜め下方に軽く置き、上半身をまっすぐにして、左右に傾けてはならない。ただし馬車のなかではこの姿勢は不可能だから、からだは半ば屈曲させて後方に寄りかかるようにする。[*10]

文字どおり、一挙手一投足のすみずみにいたるまで、トラマール夫人の規範的なディスクールからのがれる細部はない。これほど多岐にわたり、煩瑣をきわめる身体技法の条項に、当時の女性読者がどれほど忠実にしたがっていたかは、さしあたって問題ではない。日常的なしぐさや身振りは、無意識的に実行されることが多いのだから、トラマール夫人の提出した規範を読者がことごとく内在化したわけではないだろう。ただ重要なのは、このようなディスクールが書き綴られ、それが多くの人々によって読まれ、参照されていたという事実である。身体技法の規定は、このような文化的装置を媒介することによってもまた、人々の集合心性のなかに取りこまれていくのだ。

衣服――身体を隠し、露呈するもの

優雅な身のこなしを体得し、しなやかな動作を習得するだけでは十分ではない。魅惑的なボディラインや優美なシルエットを際立たせるのは、衣服である。ほとんどつねに露出している顔を除けば、身体はそれを覆う衣服をとおして知覚され、評価され、欲望の対象となる。身体の表面に接する衣服は、身体と外界を隔てる境界線であり、身体を隠蔽すると同時に露呈する装置にほかならない。

衣服の変遷、モードの社会史をめぐっては、フランス語でも日本語でもすでに数多くの文献があり、様式の細部と変化は詳しく例証されている。モード産業の経済的側面なども、フィリップ・ペローの『ブルジョワジーの上着と下着』（邦題は『衣服のアルケオロジー』）や北山晴一の『おしゃれの社会史』などが多くを教えてくれる。われわれの課題は、モードの歴史をあらためてたどることではなく、身体の表象という本書をつらぬくテーマとの関連で、十九世紀において衣服がどのような文化史的意味をになっていたかを問うことである。

ひとが衣服を身にまとうのは、まず寒さや雨風といった外部の刺激からからだを保護するためである。そしてまた、裸体を人目にさらすことにたいする羞恥心にも由来するだろう。しかし、そういった物理的な保護作用や恥じらいの念だけで、衣服の着用を説明することはできない。このふたつは、気象学的な作用（寒さや雨風）であれ、あるいは心理的な動機づけ（羞恥心）であれ、何かにたいしてみずからを守るという意味でいわば受け身的な理由であるが、それとは別に、積極的にみずからの存在を示すためにまとうという側面が衣服にはある。モノとしての衣服と、記号としての衣服というふたつの次元が存在するということだ。

十九、二十世紀のヨーロッパや現代の日本では、みずからの身体を保護するための衣服は誰でも手に入るはずだから、モノとしての衣服の機能はそれほど重要ではない。暖かく、快適で、からだにフィットするという理由だけで、われわれは衣服を選ぶのではないし、それだけで完全に満足できるわけでもない。衣服という記号によって、ひとはみずからを社会的、美的に位置づけようとする。おしゃれな現代人であれば、服装に関して一定の「ポリシー」を持ち、「個性」を重んじるだろうし、服装は「自己主張」のひとつの手段であると、ためらうことなく言うに違いない。「ポリシー」や「個性」や「自己主張」は、モノそれ自体の問題ではなく、それがはらむ人間観と価値の問題になってくる。すなわち、衣服はそれをまとう者の内面を伝達する記号だということである。

十九世紀フランスのブルジョワ社会は、そのような記号としての衣服という点で、男女の性差をおしすすめることになった。

男性の衣服においては、黒あるいはそれに近い色が支配的になっていく。フランス革命以前のアンシャン・レジーム期には、貴族の男性たちが女性たちとほとんど同じように、派手で華やかな色彩の衣服を身につけ、刺繡やレースを使用したものだが、いまやブルジョワジーの男たちは黒やグレーのシルクハット、燕尾服、チョッキ、ズボンを身につけるのが作法として要請され、刺繡やレースは女性のみの装飾品として男性服から排除される。フランス革命は、男の服装からさまざまな色彩を奪いとったのであり、その結果として生まれたのが黒ずくめのモノトーンな男たち。単純化と平準化のプロセスが進行したのである。

文化史家ホイジンガは、そのような衣服の変化を「遊び」の消滅という視点から捉えようとする。産業革命が進行し、ヨーロッパが「労働服を着込み」、みずからと存在のすべてを生真面目に受け取ったヨーロッパの十九世紀には、思想、科学、哲学、文学、芸術、日常生活が遊びという価値を捨てていく。そして、そのことをもっともよく表わしているのが、「男の衣服からファンタジーの要素が消失した」ことだと、ホイジンガは述べる。

それ以後、男の服装は少しずつ色彩のないぼやけたものとなってゆき、しだいに変化をこうむることも乏しくなった。その品位、威儀を、礼装のなかにはっきりと輝くばかりに示していたかつての優雅な貴人は、今では真面目な市民となった。服装的に言っても、彼らはもう英雄を演じているのではなかった。シルクハットをかぶることによって、

ジャン・ベロー「ピアノを囲んで」(1880頃)。パリ上流社会の社交生活のひとこま。優雅な衣装と贅沢なアクセサリーを身につけた女性たちの華やかさと、黒い衣服をまとうだけの男性たちのモノクロームな世界が、あざやかな対照をなす。

彼はいわばその人生の真面目さの象徴であり、王冠であるものを得たのだ。ただ細身のズボン、ネクタイ、立襟カラーのようなわずかの変化、遊びのなかに、十九世紀前半における男の服装の遊びの因子が、辛うじてその存在を主張している。だが、それら装飾の最後の要素も、わずかに礼装のなかにかすかな跡を残すだけで、やがて消え去ってゆく。華やいだ、彩りゆたかな色調は完全に消えて、布地もスコッチ織の粗目のものにとってかわられる。上衣は燕尾服、礼服、給仕服となってその幾世紀にもわたった経歴を閉じ、背広に席を譲る。[*11]（『ホモ・ルーデンス』）

黒を基調にしたモノクロームの衣服の世界。粋にはなるかもしれないが、どう見ても陽気とは言えないこのいで立ちを目にして、『悪の華』の詩人ボードレールは男たちが「喪に服している」と皮肉ったものだ。

　しかし、この黒に浸透された衣服は、新たな倫理とイデオロギーの表現でもあった。働かないこと、生産活動にたずさわらないこと、もっぱら消費することがみずからの階級的アイデンティティーの一部であった貴族と異なり、フランス革命後に権力を掌握したブルジョワジーは、労働と蓄財を根本的な美徳と見なしていた。みずから働き、富をたくわえ、資産を形成し、それを子孫に継承させること、それが当時の中産階級のおもな関心事にほかならなかった。そのような勤勉で、おそらく敬意に値すると思われる禁欲主義は、少なくとも表向きは身体を抑圧するよう促したはずであり、堅苦しい、黒ずくめの画一化された服装は、そのような自己規制の表われであった。十九世紀社会の公的空間は、アンシャン・レジーム期に見られたような快楽賛美の風潮とは一線を画そうとしたのだ。ブルジョワの女性たちが、立ち居振る舞いや動作の細部を規定されることによって身体を訓育されたように、男性たちは黒の燕尾服に身を包みこむことによって、身体を隠蔽しようとした、あるいはその存在を希薄にしようとしたのかもしれない。

黒の支配は、政治的、経済的な実権を握ったブルジョワジーが、それを正当化するために行なった服装の革命である。それによってブルジョワジーは、慎み、自己コントロール、努力、まじめさといった、みずからが執着する階級的美徳を主張したのだ。ブルジョワの男たちは、貴族の男たちが有していたような享楽的な身体の表象にたいして、ある種の不信感を捨てさることができなかった。ボードリヤールは次のように述べている。

> 多様な色彩の世界は、価値の世界と相容れない。《シック》というのはつねに、表層を消し去り、その背後にある存在を示すことである。黒、白、グレーなどは、色彩の零度であり、同時に、威厳や、抑圧や、道徳的地位をあらわすパラダイムでもある。[*12]

女は男の看板である

女性の衣裳となると、事情はまったく異なる。みずからは黒い衣服をまとい、身体を隠蔽しようとした男性は、まるでその反動でもあるかのように、自分の妻や娘たちには、華やかであざやかな色合いの衣裳をふんだんにまとわせたからである。

実際、十九世紀の文学作品では男の衣服がこまかに描かれることはめったにないが、女の衣裳は身体の一部として詳しく描写されるということは、すでに述べたとおりである。バルザックやフローベールやゾラの小説にあきらかなように、衣裳は多様であるだけに、その差異をつうじて女性の内面性、人格、帰属している集団などを啓示する要素になってくる。[*13] また同時代の絵画を見ると、黒いシルクハットとフロックコートという姿の男性が、ピンク色や赤や黄色の豪華なドレスに身をつつんだ女性を引きつれて、夜会や劇場に現われるというテーマがしばしば取り上げられていることが分かる。モノトーンな男性と色あざやかな女性の対照は、公的空間においても、プライヴェートな領域においても際立っていた。

しかし黒服の男たちが、華やぐ女たちの引き立て役になることで満足していたわけではない。富と権力を握っていたブルジョワジーの男たちは、それほどまで献身的に自己犠牲を受け入れたのではなかった。実際のところ、彼らはみずからの身体を希薄化しながら、妻や娘を着飾らせることによって自分の富と権力を誇示しようとしたのである。『有閑階級の理論』（一八八九）の著者ソースティン・ヴェブレンの言葉を借りるならば、衣服のために財を支出するのは典型的な「顕示的消費」の行動にほかならない。

　顕示的消費とは、たくわえられた財産を誇示するように浪費することであり、富んだひとがみずからの富を証明し、それをつうじて名声を手に入れるための手段にほかならない。富を浪費するのは、その富をたくわえた本人だけではなく、本人に代わる第三者であることも稀ではない。十九世紀フランスのブルジョワ家庭にあっては、夫が蓄積した金銭を妻や娘が消費したのであり、衣裳はそのような代理的消費を促す恰好のものであった。彼女たちがドレスを購うのは身体を保護するためではなく、夫や父の富を誇示するためなのだ。必要性という束縛にしばられずに、高価な品を消費しているという事実を示すためなのだ。ブルジョワの女性たちは豪華で、いかにも非活動的なドレスをまとっていたわけだが、そのことによって、彼女たちが生活の糧をかせぐ必要のないひとたちであることが、間接的に示唆される。女の衣裳は、顕示的消費と代理的閑暇をあらわす、この上もなく明示的な記号にほかならなかった。

　こうして、女性の身体と衣服には新しい機能があたえられることになる。女は「男の看板」（フィリップ・ペロー）にほかならず、彼女を養う男（父や夫や愛人）の経済的な力と、社会的ステイタスを示す代理人なのだ。女は着飾って外出し、人々のまなざしにさらされることによって、男の力を象徴する。女には、装飾品としての役割と機能が付与されていたのである。それをあざやかにしめしているのが、十九世紀後半に流行した広くふくらんだスカートと大胆なデコルテから成る「クリノリン」スタイルであろう。いかにも活動に不便で、身体にとって窮屈なクリノリンは、女性を装飾化する恰好の装置であった。

だが、それだけではない。美しく着飾ることを運命づけられた女性は、そのためにみずからの身体を苛酷な拘束にさらさなければならなかった。言うまでもなく、コルセットのことである。

　コルセットは十九世紀以前にも存在したが、それはおもに奇形をなおす矯正器具、つまり医学的な器具として使用されていた。女性の上半身を美しく見せるための人工的な器具も、すでにアンシャン・レジーム期の宮廷社会に流布していたが、女性の身体をいわば加工する装置として圧倒的な影響力をもったのが、十九世紀のコルセットであった。ウェストを極端に締めつけて細い腰を演出し（それはしばしば「すずめ蜂の腰」や、中央がくびれた「砂時計」に譬《たと》えられた）、バストを豊かに見せ、臀部を大きく張り出させる。こうして生み出されるS字型のシルエットが、人々に（より正確には、男たちに）好まれたのだ。「優雅さは曲線を望む」という、すでに引用したバルザックの言葉をここであらためて想起しておこう。

加工される身体

十九世紀の版画や絵画や写真には、コルセットでほっそりしたウェストをつくりあげた女性たちの姿態がしばしば登場する。現代女性のファッションに較べれば、身体のラインの曲線性が際立っていることは一目瞭然である。現代のわれわれがその曲線を美しいと見るか、あるいは不自然と見るか、官能的と思うか、あるいは滑稽と思うか、それはひとによって意見の分かれるところだろう。たしかなのは、コルセットが「美」と「女らしさ」の名において、女性の身体を加工する装置として存在していたということだ。

美が「自然」の領域ではなく、「人工」の領域にあると指摘したのは、ダンディズムの詩人ボードレールである。彼によれば、善がつねに技巧の産物であり、美徳が人工的であるように、「美しく高貴なもののすべては、理性と計算との結果」にほかならない。モードもその例外ではないということになる。

ゆえに流行《モード》とは、人間の脳髄のなかで、自然な生命がそこに積み上げる粗野なもの、地上的なもの、不潔なものすべての上に浮び残る、理想への嗜欲の一つの徴候、あるいは自然に加えられた崇高な変形、あるいはむしろ、自然の形を改善するために絶えず継起的に行われる試みであると、見なされるべきである。[*14]（『現代生活の画家』、阿部良雄訳）

あらゆるモードは美をめざす新たな努力のかたちであり、なんらかの理想に向かっての歩みである。そのことは、とりわけ女について当てはまるだろう。したがって女は、自分のからだを美しい衣裳で飾り、化粧や装身具をからだの表面にまとうことを恥じ入る必要などまったくないのだ。

女が妖艶かつ超自然的に見えようと丹精するのは、まったく正当な権利だし、一種の義務を果すことでさえある。女は人を驚かし、魅惑しなくてはならない。偶像として、崇拝されるために身を金粉でおおわなければならない。ゆえに女は、より良く人々の心を屈服させ精神を感嘆させるために、自然の上にぬきん出る手段を、あらゆる技巧《アール》から借りてくるべきである。[*15]

19 世紀末のモード雑誌の挿絵。腰から下の後部を脹らませるのは「バッスルスタイル」と呼ばれる。

ジェームズ・ティソ「舞踏会」(1878)。初老の男性(夫あるいは愛人?)に連れられて舞踏会に姿を見せる若い女性。豪華なドレスに身を包んだ女には、彼女を占有する男の看板という機能があたえられていた。

ボードレールはしかしながら、衣服や化粧が女性の身体に束縛をくわえ、規範を刷りこむ装置であることには気づいていない。衣服や化粧が、抑圧的な作用をふるうことがあるという事実には、想い至らない。彼のまなざしは、もっぱら女性の身体を審美的な対象にしようとするまなざしである。

他方、現象学的なアプローチにもとづいて、衣服のみならず、化粧や装身具など、モードはつねに不自然さと加工をはらんでいると述べるのは、鷲田清一である。『モードの迷宮』の著者が次のように語るとき、ボードレールの一節を想起していたのかもしれない。

> 化粧の方法であれ、コスチュームの構成法であれ、モードというものはつねにある〈ずれ〉によって成り立っていると考えることができる。モードという現象そのものについて言えば、それは自然からの逸脱、あるいはその一貫した転位として生起するものであるし、また生成という点から見れば、それは既存のスタイルからの一貫した隔たりないしは偏差として出現する。そしてそのような二重の変換のプロセスには、いくつかの厳格な規則が見いだされる。（中略）
>
> 化粧あるいは衣服は、私たちの可視的な存在をデザインする。それは可視性の一部を強調したり、隠蔽したり、加工・変形したりというふうに、私たちの自然にいわば否定的に関与してゆく。〈整形〉という作業を通じて、それは私たちの自然的な存在を別の秩序へと転位させようとする。[*16]

自然の生理に反して身体を加工・変形し、男たちのまなざしを魅惑するための技巧、そしてもっとも有効に機能すると考えられた技巧、それがほかならぬコルセットであった。コルセットの普及を助けた要因のひとつは、一八四〇年頃、コルセットの紐の結びかたに改良が加えられ、女性が下女や、夫や、あるいは愛人の助けを借りずにひとりでコルセットを装着したり、取り外したりできるようになったことである。

それ以前、装着や取り外しがひとりでできないという依存状態が、しばしばユーモラスな諷刺画の題材にされた。たとえば夜、夫が妻のコルセットの結び目をほどいてやるとき、ふと疑問をいだく。「おや変だな。今朝は飾り結びにしたはずなのに、いまは花結びになっているのはどういうわけだろう?」。言うまでもなく、妻は日中どこかで、別の男性の前でコルセットを外したのであり、その男が花結びにしてしまったのである。いずれにしても、誰の援助もなしに独力で装着できること、それにくわえて大量生産によって単価が下がったために、十九世紀後半にコルセットの流通が促進されることになった。

コルセットをめぐる論争

慎み深さ、上品、優美などを至上の価値としていた十九世紀のブルジョワ社会は、身体の技法、動作、身振り、礼儀作法などをつうじて、身体、とりわけ女性の身体を統制するためにさまざまな規範を課した。衣服の面では、おそらくこの時代ほど女性が数多くの下着や衣裳を身にまとったことはない。身振りや動作のすみずみにいたるまで規制され、身体を調教するよう促された女性たちは、衣服によってもまた身体を束縛されなければならなかった。そのような束縛する衣服の最たるものがコルセットである。

　しかしながら、いくら美しいシルエットを演出するのに貢献するからといって、女性のウェストを強く締めつけるこの器具にたいしては、医学的、衛生学的な観点からの批判が絶えなかったのも事実だ。ドゥベーは、恐るべき統計をあげて警鐘を鳴らす。

　娘のウェストをほっそりしたものにしようと、幼い頃から娘に堅いコルセットを着けさせる無知な母親たちは、次の表を見て目を開いてほしい。この表は、過去四十年にわたる調査結果の平均値である。

　コルセットを着けている百人の若い女性のうちで
　　二十五人は胸の病に倒れ、
　　十五人は初産のせいで死亡し、
　　十五人は出産の後で身体障害者となり、

コルセットはしばしば、コキュをからかうカリカチュアの題材になった。
「おや変だな。今朝は飾り結びにしたはずなのに、いまは花結びになっているのはどういうわけだろう？」

十五人は奇形になり、わずか三十人が正常な身体を保つにすぎない。しかしこの三十人も遅かれ早かれ、かなり重いからだの不調に悩まされるようになる。[17]

当時の文学作品を読むと、上流階級の女性たちは心理的なショックや感情的な軋轢《あつれき》ゆえに、現代では信じられないほど頻繁に失神するが、その原因のひとつがコルセットだと言われている。また、コルセットをきつく締めることが、結核を誘発する危険な習慣であることは、ある礼儀作法書のなかでも指摘されている。「胸の病で亡くなるパリの若い女性の八割は、コルセットを用いてウェストを華奢に見せようとして、みずから墓穴を掘ったひとたちである」[18]。

コルセットの脅威をうったえたのは、医者や衛生学者だけではない。女性の美について語るマニュアルや、ジャーナリスティックな著作においても、美的な視点からその弊害を指摘する声はしばしば響いていた。ローラ・モンテスは、胸をあからさまに視線にさらすローブ・デコルテに批判的であり、デコルテの衣裳と不可分なコルセットにたいしても、それが乳房を不自然な位置に固定し、そのために張りを失わせてしまうと嘆いた。そして、若いときには鯨のひげや鋼鉄製のワイヤの入ったコルセットで、絶えずウェストを締めあげたりしないようにと忠告する。ベル・エポック期の人気作家の一人オクターヴ・ユザンヌ（一八五二―一九三一）もまた、コルセットによって人工的に歪曲される身体に醜悪さを感じていた。大部分のフランス女性はコルセット賛成派であるが、ほっそりしたウェストという強迫観念の虜になっているのは残念だ、と彼が慨嘆したのは一九〇二年のことである。

> 人々はもはや、ゆったりとして調和ある輪郭を尊ぼうとしない。ウェストをほとんど信じがたいほど細くし、その上下では胸と腰があふれるばかりに突出しているというわけである。こうして女性は、なにかしら醜い昆虫に似たようなものになるのだが、当の女性はと言えば、すずめ蜂のようなウェストを自慢している体たらくである。[*19]

これに対して、コルセットを擁護する見解は同じ地平で展開される。医学的にみて、コルセットが有害だというのは根拠がないとして、むしろ上半身の脆弱さを補強し、脊椎の異常を矯正するのに役立つと主張する医師がいた。また、アドルフ・ベルティヨン博士は「われわれ男性の感覚をもっとも強く刺激する女性美のひとつは、骨盤と乳房が豊かに発達しているさまであることは、まちがいない」と『医学百科事典』の「結婚」の項目で語

くびれたウェストと美しいバストを強調するコルセットの広告。

り、間接的にコルセットの美的効果を称えている。「女性は、衛生学者たちの意見にだまされたりしない。〔コルセットによって〕みずからに課す犠牲によって、自分の力が保証されることを知っているからである」。そして若い女性たちは、圧迫と苦痛を耐えしのぶことによって得られる官能的な姿態が、結婚という市場において決定的な商品価値を有することも知っていた。

トラマール伯爵夫人にいたっては、『女性の日課書——美しくなるためのひそかな実践』において「女性の技巧」という章を設け、そのなかで「下着」に関して二〇ページほど割いているのだが、その彼女にとって、コルセットは重要な美容アイテムにほかならない。医師や衛生学者たちがいくらコルセットの弊害をふりかざしても女性たちが放棄しないのは、それが彼女たちの美しくありたいという願いを叶えてくれるからだ、とトラマール夫人は断言する。しかも彼女の主張においては、美的な議論と解剖学的な議論が共存している。

> コルセットはからだを圧迫せずに支えることに役立たなければならない。それはスカートを固定するのにも必要で、さもないとスカートが腰にとって過重になってしまう。コルセットは乳房の支えであり、乳房のか弱い繊維はそれなしで済ますことができない。

コルセットは同時に、からだを矯正してくれる。肥満を防ぎ、脆弱な脊椎が真っすぐに伸びるのを助け、からだを支えてくれる。コルセットの保護がなければ、からだは成り行きまかせとなり、輪郭線の調和を失ってしまうだろう。そしてまたコルセットは腰や下腹部の突出部を隠蔽し、脂肪組織の侵入を抑え、シルエットがいつまでもほっそりと優美な、若々しい外見を保っていられるようにする。[*20]

外観は内面を映しだす鏡

医学的、美的な議論にくわえて、コルセットの流行をたしかなものにしたのは象徴的、倫理的な議論である。ブルジョワの女性はつねに清潔で、身だしなみを整え、自宅にいるときでも公的な場所にいるときとほとんど同じように、作法にかなった服装と立ち居振る舞いを求められた。身体の礼儀正しさと衣服の礼儀正しさは表裏一体の関係であり、女性はそれを内面化し、みずからの人格の一部に組みいれるよう要請されていたのである。身体とそれを覆う衣裳は、精神や魂の反映にほかならず、したがってひとは身体と衣裳によって内面を判断される。身体と衣裳に配慮することは、単に外見を取り繕うということではなく、まさしく内面に、つまり精神に配慮することなのだ。そのとき、端正な身なりをしているのは、端正な精神をもっているという証拠になるだろうし、逆に、無頓着でだらしない身なりは、女性の道徳的退廃を示唆しているに違いない。

　ブルジョワ社会が女性に向けたまなざしの論理において、内面と外見、実体と仮象のあいだに矛盾はない。コルセットで締めつけられた身体は、その堅苦しさと束縛ゆえに、それを身にまとう女性の精神と感情の規律をあらわすと見なされ、逆に、コルセットの不在はなにかしら放恣や堕落のにおいを漂わせるとされた。姦通する女とは、家庭の外で、夫以外の男性のまなざしの下でコルセットの紐をほどき、脱ぎ捨てる女にほかならないだろう。女性がコルセットの堅苦しさにみずからを適合させたとき、それはブルジョワ的な倫理を内面化したしるしだとされた。動作やしぐさの領域で貞淑、慎み、節度をもとめた社会は、衣服の領域では、目に見えないコルセットがそれらの道徳的価値をつつましく実現していると考えたのである。

　こうして端正な衣裳のコードによって、内面の純潔性と外観の端正さの調和がはかられる。その力学を、歴史家フィリップ・ペローは次のように要約してみせる。

> きちんとした身なりをしていること、礼儀作法にかなっていること、それは外見と存在が一体化していることを示す特徴であり、社会化に成功したという精神的な保証を含

む、肉体的な属性を有しているということである。具体性と抽象性、字義的なものと比喩的なもののあいだにあるこの意味論的な等価値性を取り込むことによって、（ちょうど衛生学がそうであるように）礼儀作法にかなっているということが、ひとつの技術であるとともにひとつの倫理に変わる。こうして十九世紀には、礼儀正しさが示す教育的でためになる諸価値にますます取り憑かれるようになった教育学が、この等価値性の取り込みによって正当化され、促進された。そして他方で、礼儀に反する行為や、無頓着や、逸脱や、あるいは放縦をあらわす徴候が、容赦ない社会的制裁の対象にされたのである[*21]。

衣服は、そしてボードレールのひそみに倣うならば化粧も、表層と仮象をつかさどる装置であり、ひとつの人工的な技術である。それは身体を飾り、美化するが、同時にその表層性をつうじて内面にたいする評価を規定してしまうという点で、道徳的な機能をになっていた。すなわち身体は美学と倫理が出会う場、ひとつの文化であった。

第5章　飼いならされる身体――礼儀作法書のディスクール

礼儀作法書とは何か

前章では、身体を律するためのさまざまな言説や実践を跡づけてみた。修道院で使用されていた規範集によれば、修道女たちの立ち居振る舞いはきびしく規定され、顔の表情や身体の表現に沈黙が課されていた。ドゥベーのような医者は「美しさ」という視点から、女性が身体の衛生に気をくばり、しぐさや身振りを洗練させるよう説いた。そしてスタッフ男爵夫人やトラマール伯爵夫人といった上流階級の女性は、下着、衣服、美容術の領域にわたるこまかなアドヴァイスを惜しみなく提供することによって、女性の身体美の理想を定めようとした。これらの著作は叙述のスタイルが異なり、想定する読者層も違うものの、人間の身体、その動作や表面をめぐってきわめて実践的なディスクールを展開しているという点で共通している。

このように身体の諸々の活動にたいして一定の規則を設け、それをつうじて身体を教化し、いわば各人がみずからの身体を自己規制するよう促すこと。その目的に沿って綴られた規範の集成が礼儀作法書であり、「マナーブック」にほかならない。そして、ノルベルト・エリアスが示唆するように、身体の自己規制の度合いがしだいに高まっていくことが、「文明化の過程」の論理に合致した現象だとするならば、礼儀作法書のディスクールは西洋の身体文化を解きあかす上で、きわめて重要な意味をもってくるに違いない。

一定の社会がその構成員に要求する作法や規律、個人のしつけや集団的な慣例などを吟味することによって、われわれはその社会において正しい、あるいは適切だと見なされた振る舞いがどのようなものであるかを知ることができるだろう。礼儀作法書は、さまざまな状況において個人がとるべき、そしてまた逆に避けるべき態度、身振り、動作を記している。当然そこには「……すべきである」、「……したほうがよい」、「……してはならない」といった命令的な、あるいは禁止的な定式が増えてくる。ほめられているものと批判されているもの、勧められているものと断罪されているものを識別することによって、われわれはひとつの社会が身体文化の領域でどのような価値体系を築いていたか、垣間見ることになる。

礼儀作法書では、個人の日常生活における振る舞いや動作のみならず、社会生活や対人関係における身ごなしなども問題になってくる。私的空間と公的空間の双方において、身体が規範化される。そこでは、身体をなかだちとしてプライヴァシーと公共性、内面性と外観のあいだに調和がはかられる。具体的な礼儀作法やマナーは、ときとして宗教や道徳上の根拠にもとづいているものの、一見したところいかなる正当性にも依拠していないものも少なくない。ただ、確たる正当性の不在ということが、かえって礼儀作法に伝統やしきたりとしての強い拘束力を発揮させる一因になっている、とも考えられる。

その是非を問うのは、さしあたっての課題ではない。礼儀作法書に記されている規範をすべて守ることなどナンセンスだし、またその必要はないにしても、まったく礼儀作法を無視していては生活が成り立たないこともたしかである。礼儀作法やマナーは社会と時代によって変わるにしても、それが存在し、われわれの生活と人間関係を多かれ少なかれ強く規定しているのは、否定できない事実なのだ。そのとき身体は、作法と規範のディスクールが向けられる特権的な対象にほかならない。

身体の抑圧——エラスムスからラ・サールへ

エリアスによると、「礼儀」という概念はヨーロッパにおける宮廷社会の成立とふかく結びついている。より具体的には十六世紀の初め、共通語としてイタリア語、それからますます多くフランス語を話すようになった社会階層が、新しい社会的基盤の上にヨーロッパを統一しようとしたときに生まれた。礼儀という概念で示されているのは、そのような社会の状況であり、自意識であり、性格である。

　ヨーロッパにおける最初の体系的な礼儀作法書は、オランダの人文主義者《ユマニスト》エラスムス（一四六九—一五三六）が著わした『子供の礼儀作法について』だと言われている。刊行は一五三〇年。この書物は次々に版を重ね、初版が刊行されてからエラスムスの死までのわずか六年間に、三十版を数えるほどであった。おびただしい数にのぼる翻訳、模作、補遺が作成され、それが普及することによって、各国の言語に「礼儀作法」という単語と概念を植えつけるのに貢献する。これ以降、礼儀作法は子供に教育をほどこす上で不可欠の要素と見なされるようになり、そのインパクトは十九世紀半ばまで続いた。

　エラスムスの書物は、表面的にはある君主の王子のために書かれたものだが、実際には、あらゆる身分の子供たちにあてはまる普遍的な行動規範を提出しようとしている。彼の定義した礼儀作法がどのような関心にもとづいているか示すため、以下に各章のタイトルをあげておこう。

第一章　肉体のすべての部分における上品な身振りと下品な身振りについて
第二章　肉体の手入れについて
第三章　教会における振る舞いについて
第四章　宴会について
第五章　会合について
第六章　遊びについて
第七章　寝室について

このタイトルを見ただけで、礼儀作法というものが成立の当初から、身体をめぐる問題系を中心的な要素としてはらんでいたことがよく分かる。では具体的にどのような作法が規定されているのか、それぞれの状況に応じたエラスムスの見解を、エリアスの『文明化の過程』第二部にもとづいて抜粋してみよう。[*1]

まずテーブルマナー。

> 右側にコップとよく磨きあげたナイフを、左側にパンをおきなさい。
> 席についたらすぐに鉢に手を出す人が多いが、これは狼のすることである。

ソースのなかへ指を突っこむのは百姓のすることである。欲しいものはナイフとフォークを使って取りなさい。食い意地の張った者がよくするように、大皿のなかをあちこち探り回らずに、たまたま手近にあるものを取りなさい。

脂のついた指をなめたり、上衣でふいたりするのは無作法である。テーブルクロスかナプキンをそのために使う方が良い。[*2]

生理的欲求について。

小便もしくは大便をしている人に挨拶することは、無作法なことである。育ちの良い人間は、自然が羞恥心と結びつけている体の部分を、必要もないのに露出するようなことをしてはいけない。もし必要に迫られてそうせざるをえない場合、たとえ見ている人が誰もいなくても、やはり慎み深く羞恥心をもってそれを行なわなければいけない。なぜならつねに天使さまが見ていられるからだ。天使さまにとって最も好ましいことは、子供の羞恥心が徳操を育んでいる場合である。他人の目に見せることがすでに羞恥心を呼び起こすものを、他人に触れさせることはもっといけないことである。[*3]

洟《はな》をかむことについて。

フェルト帽ないし衣服で洟をかむ行為は、野卑な百姓のすることであり、腕ないし肘で洟をかむのは、魚売りの習いである。だが、もし洟をかんだあと衣服にこすりつけるようでは、手でかむこともそれより上品なわけではない。鼻汁を胸の結び飾りでふきとるのが礼儀にかなっている。そしてもし誰か身分の高い人がいるときには、少し体をそむけてするのがよい。

二本の指で洟をかんで少し鼻汁が地面に落ちたときは、直ちに足で踏み消しておかなければならない。[*4]

つばを吐くことについて。

誰かほかの人につばをかけたり、しわぶきを飛ばしたりしないように、体をそむけてつばを吐け。もし何か汚物が地面に落ちたときには、すでに言ったように、誰にも不快感を起こさせないように足で踏み消せ。もしそれができないときには、ハンカチでつばをふきとれ。必要からでなく、単に便宜上、二、三語口にするごとにつばを吐く連中を見かけることがあるが、それと同様につばを呑み込むことは上品ではない。[*5]

寝室における作法について。

衣服を脱ぐときや起床のときには、羞恥心を思い出し、道徳や自然が隠すことを要求している部分を、他人の前にさらさないように気をつけよ。

仲間と床を共にするときは、寝返りして衣服が脱げたり、掛蒲団を引っ張って相手に迷惑をかけないように、静かにじっとしていること。[*6]

現代人の感性からすればごく当然のことが、子供に作法を教えこむためとはいえ仰々しく指摘されているのは、その当然のことが十六世紀ヨーロッパでは少しも当然ではなかったからである。この時代の人々は平気でソースのなかに指を突っ込んでいたのであり、公衆の面前で排泄行為をしていたのであり、衣服や帽子で洟をかんでいたのであり、他人にしぶきが飛ぶことを意に介すことなく、つばを吐いていたのである。そして排泄行為や就寝のときには、性器を他人の前で露出することさえあったようなのだ。

エラスムスはそうした行為や動作を、人間性と、上品さと、倫理の名において断罪していく。あるものは人間にふさわしくない動物的な行為だとされ（「席についたらすぐに鉢に手を出す人が多いが、これは狼のすることである」）、またあるものは粗野で卑俗な行為だとされる（「ソースのなかへ指を突っ込むのは百姓のすることである」、「腕ないし肘で洟をかむのは、魚売りの習いである」）。裸体や、とりわけ性器を露出したりすることは、羞恥心という人間にとって自然な感情にさからうものであるから、絶対に避けるべきである。そして大小便、洟、つばなど、人体の有機的な機能にともなってうみだされる排泄物は、きびしい管理と統制の対象になっていることが分かる。体内から排出されるものは、注意深く隠さなければならないのだ。

　エラスムスにとって、子供に礼儀作法を教えるというのは、とりもなおさず動物的な本能を抑制し、衝動や情動を管理すること、要するに、みずからの身体をできるかぎり律することにほかならなかった。いわば、野生の動物を飼いならすようなものであった。

　身体への不信感は、その後も礼儀作法書のディスクールを支配する。ロジェ・シャルチエによれば、十八世紀は礼儀作法がキリスト教化された時代ということになるが、[*7] その十八世紀の初頭、一七〇三年に刊行されたジャン＝バティスト・ド・ラ・サールの『礼節ならびにキリスト教的礼儀作法の諸規則』は、その意味で典型的であろう。この著作においては、礼儀作法はキリスト教的な信仰心の一部をなしていて、社会的作法であると同時に「神の栄光と救済」に関わってくるし、礼儀作法を守ることは、神への崇拝の念を示すためのひとつの手段であるとされる。われわれの身体は、その神が崇められることを願う生きた教会なのだから、それにたいして慎重に対処しなければならない。身体のうちに神の存在を感じとることはいいにしても、身体そのものの存在はむしろ忘れたほうが好ましい。

17、18世紀の礼儀作法によれば、体を洗うときでも、身体は隠蔽されなければならなかった。図版の女性は、むきだしになった自分の足を見ないように目をそむけている［上］。一般に身体の分泌物は注意深く隠されるべきだったが、涙にたいしてだけは人々も寛大であった［右］。そして18世紀末から19世紀初頭にかけてのロマン主義時代に、涙は情動の豊かさをしめす記号になっていく。

そして「礼節にもとづけば、寝るときは自分の身体をみずからに隠すべきであり、ほんのちょっと見ることさえ避けたほうがよい」。[*8]

学校用に編まれた教本である『礼節ならびにキリスト教的礼儀作法の諸規則』は、エリートたちの行動様式という規範を、社会の下層に植えつける手段として機能した。そこでは民衆の欲望を抑えること、衝動を制御し、情動をコントロールすることが問題になっていた。こうして啓蒙時代においてさえ、身体にまつわるプライヴァシーは断罪された。さまざまな身体的慣習行動が倫理と羞恥心の名において秘匿され、身体をめぐって、沈黙と秘密のゾーンが形成されていったのである。

礼儀作法のパラドックス

歴史的に言って、礼儀作法という概念はふたつの異なる考え方のあいだで揺れ動いているように思われる。

一方で、それは万人に当てはまる行動モデルとして提示される（たとえばエラスムスの著作）。より洗練された状態へと向かう文明化の過程のなかで、礼儀作法はあらゆる階層の人々が体得すべき規則であろう。しかし他方で、礼儀作法は社会の少数集団あるいはエリート層に固有の規範の体系である（たとえばラ・サールの著作）。社会がかなりはっきりと階層化されている時代にあって、ひとつの集団と他の集団のあいだには、作法やマナーの点で無視しがたい差異が存在していたし、その差異こそが、とりわけ上位集団のアイデンティティーの保証でもあった。上位集団は洗練された作法の体系をつうじて、みずからの象徴的権力を維持しようとしただろう。近代ヨーロッパにおいて、礼儀作法書とはしばしば、特権階級のあいだで流通するコードを普遍的な価値であるかのようにまとめあげたものにほかならない。時代と社会によって、作法の体系が異なるのはそのためである。

礼儀作法は、日常生活や社交生活における人間関係を調整するためのコードなのだから、つねにより広い社会空間のなかに広まっていこうとする。しかし広まれば広まるほど、規範の体系としての礼儀作法はその弁別的な機能を失っていく。理論的には、一定の作法があらゆる階層の人々に流布してしまったとき、その作法は作法としての意義を失ってしまう。作法は、いまだそれを習得していない者がいるからこそ、学習するに値するのであり、すべての成員が習得してしまえば単なるルーティンにすぎなくなり、特権性を失ってしまう。礼儀作法は、一般化と特殊性という相反する原理のあいだで絶えずたゆたっているのだ。

ロジェ・シャルチエは、文化モデルの普及と価値の下落という視点にたって、このパラドックスを捉えようとしている。[*9] 十八世紀フランスにおいて、礼儀作法書はひろく普及するにともない、社会のよりひろい階層にマナーと身の処し方を教えこんだ。しかし、こうして民衆に学習された礼儀作法は、やがて、出会い、訪問、会話の際に必要な単なる社交の約束事と見なされるようになってしまう。この時代、礼儀作法という言葉が肯定的な意味をもつときは、人々の交際を快いものにする社会的美徳として了解されていた、とシャルチエは語る。しかしそうなれば、礼儀作法というコードの発信者である上流階級にとって、礼儀作法を体得しているということはもはやステイタス・シンボルにはなりえない。こうして彼らのあいだでは、伝統的な礼儀作法の価値が下がっていった。

十九世紀フランスの礼儀作法書

エリアスにしてもシャルチエにしても、エラスムス以降から十八世紀までのアンシャン・レジーム期に出版された礼儀作法書しか論じていない。すなわち、礼儀作法という概念が宮廷社会やその力学と結びついていた時代のこと。われわれにとってより重要なのは、フランス革命後の十九世紀に刊行された礼儀作法書である。それは、かつての礼儀作法書と較べてどのように違うのか。その違いはいったい何から生じたのか。そして、礼儀作法という規範の体系をつうじて、十九世紀のブルジョワ社会はいかなる価値システムを流布させようとしたのか。以下のページで、これらの問いにたいする答えを素描してみよう。

まず、十九世紀後半から二十世紀初めにかけて刊行された礼儀作法書のうちで、筆者がパリの国立図書館で参照したものを年代順にあげて置く。

●アルフレッド・ド・メイユラ『礼儀作法便覧、あるいは人生のあらゆる局面と社会のさまざまな領域で、作法と社交の慣習にのっとって振る舞う技術』、一八五二年

●ウジェーヌ・シャピュ『立派な男女のための便覧』、第四版、一八六一年

●ピエール・ボワタール『礼節、品位、礼儀に関する生理学便覧』、一八六二年

●セルナール夫人『品位に関する完全便覧、あるいはあらゆる年齢層とあらゆる身分の人々のための礼儀と礼節案内』、一八六三年

●ダッシュ伯爵夫人『いかにして社交界に出入りするか――礼儀作法の規則』、一八六八年

●スタッフ男爵夫人『社交の慣例――現代社会における礼儀作法の規範』、一八八九年

●ドルヴァル男爵夫人（＝トラマール伯爵夫人）『社交の慣習、人生のあらゆる状況における現代礼儀作法への案内』、第三版、一九〇一年（初版は一九〇〇年）

タイトルに見える「便覧」はフランス語の《manuel》、「案内」は同じく《guide》の訳語であり、現代風に言えばいわゆるマニュアルや入門書に相当する。読者にたいして、礼儀作法をめぐる基本的な知識と実践を伝授しようとする、きわめて教育的な配慮をはっきり示すタイトルになっている。ジャーナリズムや出版産業が飛躍的に発展した十九世紀は、さまざまな職業、技術、知の分野に関するマニュアルが数多く出版された時代であり、それが知識の大衆化をうながした。作法書もそのような領域のひとつだったわけである。メイユラの本は、つねに携帯できるような薄手のポケットサイズだし、ボワタールの本はパサール社の「実践知識叢書」というシリーズの一冊であり、セルナール夫人の案内書は、あらゆる種類のマニュアル出版を専門にしていたロレ社から出ている。そしてスタッフ夫人とドルヴァル夫人の著作は、世紀末から二十世紀初めのベル・エポック期にかけて多くの作法書を世に送り出した、アヴァール社から刊行されている。

　こうして礼儀作法書が大量に出まわり、ときにはベストセラーになった。アラン・モンタンドンによれば、[*10] 十九世紀ほど作法書が数多く書かれた時代はないし、セオドア・ゼルディンによれば、[*11] スタッフ夫人の『社交の慣例』は十年間に一三一版にまで達したという。それというのも、想定される読者層が変わったからである。エラスムスの『子供の礼儀作法について』は、タイトルから分かるようにもっぱら子供のためのものであったし、ラ・サールの著作は、学校の教科書として編まれたものであった。それは限られた年齢層の人間や、限られた上流階層の子弟を対象にしたものである。それにたいして十九世紀の作法書は、子供やある特定の階層だけを相手にするのではなくて、すべてのひとを読者としてねらっている。たとえばセルナール夫人の著作は、「あらゆる年齢層とあらゆる身分の人々のため」に書かれた。またスタッフ夫人が『社交の慣例』で意図したのは、「あらゆる出来事と人生のあらゆる状況に適用しうる礼儀作法の規則と、慎み深さのきまりと、如才なさのさまざまなニュアンス」[*12]を伝授することであった。そして、かならずしも学校教育という制度的な枠のなかで使用されたものではなく、ひろく一般読者のために流布したのである。

礼儀作法書の刊行点数が増え、読者が広がったばかりではない。その内容もまた、変化せずにはいなかった。

アンシャン・レジーム期の作法書にも、実際的な忠告や、具体的でこまかな指示が含まれてはいた。しかし、人間関係と交際を共通の行動規範の上に確立しようとしていたという意味で、それは何よりもまず人類学的で、倫理的なものであった。社会生活をみちびいていく際の基本的な原則をあきらかにしようとする点で、そこには単なる作法には収まらない、より一般的な意義があったのである。

他方、十九世紀の作法書は、人間性や社会関係をめぐる倫理的、あるいは人類学的な考察を含むことはほとんどなく、さまざまな状況やケースにおいてどのように振る舞うべきかという、もっぱら実際的なアドヴァイスを提供しようとする。マニュアルは一般論に立ちいることなしに、具体的な忠告をすることに終始するのだ。しばしばタイトルに明記されているように、「あらゆる状況において」役立ちうる作法や礼節の細部を伝えることが問題になっている。日常生活や社会生活において遭遇するであろうさまざまな場面や出来事に際して、いかに振る舞うべきか。何をすべきで、何をしてはならないか。そういったことがらをカタログ的な記述スタイルで列挙していくのが、この時代の礼儀作法書の特徴である。たとえばピエール・ボワタールの著作においては、第一部「礼儀について」のなかに、一連の規則を命令的な語調で列挙した「要約」という項目が含まれている。マニュアルによく見られる、読者の疑問にただちに対応しようとする姿勢のあらわれと言えるだろう。

こうして結婚、子供の誕生、洗礼、葬儀など人生の節目となる出来事、訪問、夕食、舞踏会、夜会など社交生活上の儀式、劇場、街路、レストラン、散歩道、行楽地といった公的な空間、会話、手紙、案内状、通知状といった言語によるコミュニケーションなどが項目として取りあげられ、それぞれについてこまかな作法が述べられる。そしてこの記述スタイルは、現代フランスの礼儀作法書にまで連綿と受けつがれているのである。

階級的アイデンティティーと身体

このような変化はどのようにして生じたのだろうか。

中世から現代にいたるヨーロッパの礼儀作法を歴史社会学的に研究しているアラン・モンタンドンは、フランス革命が決定的な転機であったと主張する。貴族の特権と儀礼性を廃止した革命政府は、宮廷風の礼節とは異なる新しい礼節、共和制という新たな時代にふさわしい作法の原理を確立しようとした。儀礼性やヒエラルキーを越えたところで、共和制的な自由と誠実の原理にもとづいた礼儀作法を夢想したのである。シュマンというひとが一七九九年に著わした、『礼節の諸原理をふくむ共和主義的な礼儀作法』という書物に読まれる次のような一節は、その点でじつに示唆に富む。

> 人々がひとえに権力と、地位と、財産にもとづいてのみ評価され、おたがいに評価していた時代には、社会においてどのような敬意と礼節を守るべきか、そのあらゆる微妙

な違いを知るためには、多くの努力が必要とされた。現在では、人々との交際において遵守すべき規則はひとつしかない。すべてのひとにたいして自由に、謙虚に、断固たる態度で、そして誠実に振る舞うということである。[*13]

アンシャン・レジーム期の礼儀作法の体系は、ひとつのライフスタイルそのもの、洗練の極みに達したほとんど一個の芸術であった。フランス革命とともに、そのような礼儀作法の体系は崩壊する。権力や、富や、文化資本を配分しなおすことによって、革命後の社会は、アンシャン・レジーム期の礼儀作法を成り立たせていた価値体系そのものを、ふかく変質させてしまったのである。作法の推移はこの時代のヨーロッパ全体に共通する現象であり、モンタンドンによれば、十八世紀末に革命を経験しなかったイタリア、ドイツ、イギリスなどでも同じような状況が見られたという。

十九世紀に入り、新しい階級（ブルジョワジー）が政治権力を掌握し、産業革命にともなって経済的な実権も握るようになる。しかしブルジョワジーは、政治や経済の領域で成功しただけでは満足できなかった。あるいは、それだけでは十分でなかった。彼らはみずからの成功を認めさせ、正当化しなければならない。新たに台頭したブルジョワジーは、みずからの階級的アイデンティティーをたしかなものにするために、ピエール・ブルデューの言葉を用いるならば、文化的そして象徴的な《卓越化《ディスタンクシオン》》の装置を探しもとめただろう。そのような文化的装置あるいは象徴的資本のひとつが、新しい礼儀作法にほかならなかった。

　彼らに必要だったのは、社交をめぐる哲学的な考察でもなければ、人間性についてのモラリスト的思想でもなく、日常生活や社会生活のさまざまな場面において、礼節にかなった振る舞いをし、申し分ない身ごなしを示し、洗練された会話を操るための（それが「育ちのよい」しるしであった）、実践的な規範だったはずである。そして社会の中枢に受け入れてもらうためには、その規範を習得しなければならない。こうして十九世紀の礼儀作法は、世間で求められる良いマナーという社会コード、育ちのよい人々の慣習のカタログとして理解されるようになる。そのとき、礼儀作法とはすなわちブルジョワジーの作法ということである。だからこそ、十九世紀後半から二十世紀初頭にかけて数多く出まわった作法書は、個々の状況や場面に応じてとるべき振る舞いや身振りの一覧表、という形式をまとったのである。

男女それぞれの礼儀作法

先にタイトルをあげた十九世紀の礼儀作法書を、もっと具体的に調べてみよう。

礼節や作法とはいったい何であり、何の役に立つのかという定義の問題をめぐっては、著者たちの見解にいくらかニュアンスの相違が見られる。メイユラにとって礼儀作法とは、社会や職業生活において成功するために必要な技術であり、他方シャピュによれば、「対人関係において採用すべき言葉づかいと態度を習得すること、つまり、自己紹介したり、適切なタイミングで話したり、黙ったりできること、上流社会の人間関係の基礎になっている規範や、慣習や、しきたりを熟知すること」[*14]にほかならない。

シャピュの『立派な男女のための便覧』においては、狭義の「礼儀作法 savoir-vivre」は、優雅さ、衣服、会話とともに、立派な男女に必要とされる条件であり、ボワタールの場合、第一部が「礼儀について」と題され、第二部は「会話」、第三部は「社交において求められること」（夕食・招待など）、そして第四部は「一般的な儀礼」（洗礼、結婚、葬儀、宗教的お勧めなど）を論じる。ここでは礼儀作法という概念が、社交生活を展開する上で要求される規範のごく一部を包摂しているにすぎない。

それはおそらく、メイユラ、シャピュ、ボワタールの三人が男であり、おもに男性の読者を念頭においていたからだろうと思われる。ブルジョワ女性は生産活動にたずさわらなかったのだから、社会的、職業的な成功の要素として礼儀作法を位置づけるのは、もっぱら男性読者への配慮からである。また、メイユラとボワタールの二人はわざわざ「決闘」について一章を設けているが、決闘は男性のみに許された特権であり、当時は法律で禁じられていたにも拘らず名誉ある行為とされていた。

それにたいして、一八六〇年代以降に出版された礼儀作法書の著者の多くは女性、しかも上流階級の女性たちであり（彼女たちの名前はしばしば爵位を冠している）、読者として想定されていたのは、多く女性たちであった。「男は職場に、女は家庭に」というのが、十九世紀ブルジョワ社会の不文律であり、ブルジョワ女性の生活は家庭に関することがらと社交で占められていたことを忘れてはならない。たとえば子供のしつけや教育は母親の任務であり、だからこそ女性が書いた礼儀作法書のなかで初めて、「子供の教育」や「先生との交際」についてのページが現われるのだ。これらの項目はメイユラ、シャピュ、ボワタールの著作にはない。

セルナール夫人、ダッシュ伯爵夫人、スタッフ男爵夫人、ドルヴァル男爵夫人らにあっては、礼儀作法の体系が社交生活のあらゆる領域をおおい、読者たる女性はその作法の体系に習熟するよう要請される。しかしそれは、男たちのように社会的な上昇を実現するための手段だったからではない。ブルジョワ女性の地位は父や夫のそれによって決まったのだから、彼女にとって社会的、職業的な成功をめざすことは関心の埒外《らちがい》である。女性たちにとって肝要なのは愛されることであり、気に入られることであった。ダッシュ夫人は次のように言明してはばからない。

> 愛されることは、女性にとってもっとも見事な勝利である。わたしたち女性は愛と、友情と、敬意によって、要するに感情によって君臨する。いかなる革命といえども、この王杖を破壊することはできない。それを守り、適切に利用しようではありませんか。[*15]

　礼儀作法を心得て申し分なく振る舞うこと、それは女性たちにとって愛され、尊敬されるための条件だというのだ。礼儀作法の基本精神は、自分のことを二の次にして他のひとたちに配慮することであり（ダッシュ夫人）、「隣人にたいする愛と敬意の念」（スタッフ夫人、p.XI）である。要するに、自己犠牲と隣人愛というキリスト教的な美徳が求められているわけで、十九世紀においては男性と女性にたいして、礼儀作法の上でもダブル・スタンダードが適用されていたと言えよう。

マナーブックはどう変わったか

ではいったい、十九世紀後半から二十世紀初頭にかけて刊行されていた礼儀作法書では、どのような項目が取り上げられていたのだろうか。例として、スタッフ夫人の『社交の慣例』に見いだされる事項を列挙してみよう。この著作は十九世紀に書かれた作法書の総括であり、その後も現在にいたるまで、フランスで出版された作法書の精神と形式を規定してきたといっても過言ではない。括弧のなかは主な内容である。

●子供の誕生
●洗礼（名づけ親の選択、洗礼の祝い）
●初聖体拝領
●先生との交際（子供の務め、両親の務め、先生の務め）
●結婚（準備、婚約、結婚契約、民法上の結婚、教会結婚）
●訪問（訪問一般、儀式的な訪問、礼儀上の訪問など／握手、さまざまな挨拶のしかた、身振り、動作）

●会話（会話の規則、言葉遣いのたしなみ、声）
●夕食（メニュー、食器、給仕のしかた）
●舞踏会／夜会（夜会服、ダンスのしかた、音楽の夕べ、仮装舞踏会）
●召使いとのつきあい
●名刺
●手紙の書きかた（特別な地位にあるひとへの手紙、署名と日付の入れかた、インクと便箋の選びかた）
●贈り物（誕生日の贈り物、クリスマスプレゼント、お年玉、イースターエッグなど）
●若い既婚女性（どのように振る舞うべきか、必要な慎み、家政の切り盛り）
●真のジェントルマン（そのポートレート、さまざまな義務、身だしなみ）
●若い娘（ポートレート、何をすべきか、何をしてはならないか、自然らしさと優美さをいかに獲得するか）
●通知と招待状（誕生通知、結婚案内状、葬儀通知、舞踏会や夕食への招待状、招待への返事）
●葬儀
●服喪

●もてなし

●その他（旅行、劇場での振る舞い）

これらの項目は、いくつかのカテゴリーに分類できよう。

（一）人生の節目となる出来事——「子供の誕生」、「洗礼」、「初聖体拝領」、「結婚」、「葬儀」、「服喪」。

（二）社交生活と対人関係——「訪問」、「夕食」、「舞踏会／夜会」、「贈り物」、「もてなし」、「先生との交際」、「召使いとのつきあい」。

（三）言語によるコミュニケーション——「会話」、「名刺」、「手紙の書きかた」、「通知と招待状」。

（四）ある種の人々に要求される礼儀作法——「若い既婚女性」、「真のジェントルマン」、「若い娘」。

大きなカテゴリーとしての（一）から（三）までは、フランスのみならず日本でも、現在出版されている礼儀作法書にかならず見いだされる事項である。他の国々の礼儀作法書においても、おそらく同様であろう。（四）のカテゴリーは、現在では独立したカテゴリーとして設けられることはないが、さまざまな状況のなかで「既婚女性は……すべきである」、「……こそ紳士にふさわしい行動である」、「未婚の女性はこのように振る舞うほうがよい」といった注意や忠告として、現在でも残っている。このような連続性は、人間関係を調整するためには規範が必要であり、基本的な価値を伝統として守るべきだという意識が、歴史の流れをつらぬいてつねに礼儀作法の根本にあることをよく示している。同時に、作法がある種の形式主義と無縁でありえないことも分かる。作法は作法だから従うべきだ、という側面があることは否定できない。

それぞれのカテゴリー内部における細目とその重要度は、時代と社会によって変わる。「舞踏会／夜会」や「訪問」の項目は、スタッフ夫人の著作においてそれぞれ一五ページ、五〇ページ割かれているが、現代のマナーブックではせいぜい数十行、あるいは数ページにすぎない。十九世紀末の有閑階級の女性たちと、働いている現代女性たちではおのずと生活習慣が異なることは言うまでもないだろう。また、「召使いとのつきあい」という項目が現代のマナーブックからほとんど消え去ったのは、社会の民主化と経済的変化によって、従僕や下女をかかえる家庭が極端に減ってしまったからである。

ライフスタイルの変化は、それまでなかった空間や慣習を生みだしていくから、それにともない新たなマナーが要求されてくる。ヴァカンス先やリゾート地でのマナー、外国旅行の際の作法、職場での対人関係などについての記述は、スタッフ夫人の『社交の慣例』にはなく、現代のマナーブックにはほとんどつねに掲載されている項目である。百年前であれば、ブルジョワジーの女性が職業をもつことはなかったから、職場でのマナーは予想されていなかったわけだ。

また、科学技術の進歩につれて現代の日常生活の一部をなすようになった道具や器具があり、その使用をめぐるマナーは、今日の作法書において重要な項目である。車、飛行機、電話、ファクスなどに関する記述がそれに当たる。「手紙」や「会話」は人間どうしのコミュニケーション方法として、昔から作法書で一章をあたえられていた項目だが、「電話」に関するページは現代の作法書が新たに設けた章である。

スタッフ夫人の時代に較べれば、フランスでも日本でも、現代のマナーブックはより大きな自由と平等を主張するし、過度の堅苦しさを避けようとする。スタッフ夫人が道徳と儀礼性の名において礼儀作法を説いていたとすれば、現代の著者たちは自発性と率直さの名において語る傾向が強い。マナーブックも民主化し、大衆化したということだろう。またスタッフ夫人やその世代の人々が、作法の記述をつうじて一定の価値観を披瀝し、一冊の書物として読まれる作法書をめざしていたのに反し、現代のマナーブックは、個別的な状況と、それにたいする対処法をマニュアル式に記述するのが主流であり、読まれることよりも参照されることをめざしている。読者が必要とする項目をすぐに見いだせるよう、巻末に「索引」が添えられているのはそのためである。

ただそうしたなかでも、社会における人間関係を円滑化するために均衡、相互性、他人への配慮が不可欠な徳目であるとする点は変わっていない。礼儀作法の原則は、スタッフ夫人によれば「隣人にたいする愛と敬意の念」だったし、現代フランスでもっとも権威の高い作法書のひとつ、ナディーヌ・ド・ロートシルド（ロスチャイルド家の一員）の『魅惑する幸福、成功する技術——今日の礼儀作法』（一九九一）によると「交換あるいは相互性の規範[*16]」にほかならない。そしてまた、現代日本のあるマナーブックは次のように述べる。

マナーというと、古くさいしきたりとか堅苦しい礼儀作法と考えられがちですが、マナーの根源にあるのは、人や自然にたいする敬意であり、思いやりの心です。よい人間関係を築き、快適な環境のもとで暮らしていくために必要な〝生活術〟ともいえるでしょう。[*17]

フランスの礼儀作法書と較べた場合、日本で刊行されている類書の大きな特徴は、結婚と葬儀に関するページが圧倒的に多いということである。日本の礼儀作法書が、「冠婚葬祭」のための手引書とほとんど同義語になってしまっているのも、故なしとしない。そこでは、結婚式の祝辞や葬儀の弔辞の文例が、さまざまなケースに応じて列挙されるのが通例である（ときには、祝辞や弔辞の述べかた、文例だけを記述した書物が独立したかたちで出版されることもある）。それにたいして、訪問、食事、招待、会話など、社交生活についての説明は相対的に少ないし、したがって、それにまつわる身体技法への言及も多くはない。たとえば『現代マナー事典』（講談社、一九九〇）は千ページあまりの大部な事典だが、「婚礼のしきたりと挨拶」、「葬儀のしきたりと挨拶」だけで、六〇〇ページを超える。このような状況はフランスのマナーブックでは到底考えられないし、それは、フランス人と日本人の生活様式の違い、価値観の相違にもとづくものである。

身振りの作法

このような精神にもとづいて構成されている礼儀作法書は、身体に大きな役割を付与している。スタッフ夫人の『社交の慣例』で論じられている項目のカテゴリーにもとづくならば、「（二）社交生活と対人関係」に出てくる事項に、とりわけ身体技法に関する規定が多く含まれている。対人関係を円滑にすすめ、みずからの価値を高めるためには、身体とその作用に配慮しなければならなかったということである。特に女性のしぐさや振る舞いをめぐっては、先に女性の身体や美を論じた際に確認したさまざまな規範を、あらためて見いだすことになる。それは礼儀作法と美が深い結びつきをもっており、社会的な礼節が美的な価値と無縁でないことをよく示している。

　歩き方は、すべての礼儀作法書が触れる重要な項目である。

　セルナール夫人によれば、街路を歩くとき通行人に泥水をはねかけたり、また泥水をはねかけられたりしないようにすべきであり、そのためには舗道の真ん中を通り、まずつま先、次に踵をつくようにするとよい。一般にパリの女性たちはこの歩き方をよく心得ている。[*18] スタッフ夫人の『社交の慣例』は、その後の礼儀作法書の形式と精神を決定づけた著作であるが、彼女は足早に歩くことは構わないが、優雅におちついて歩くよう勧める。均一な足取りで、踵をあまり鳴らさないようにするのが上品である。[*19] 項目の立て方の点でスタッフ夫人の著書を踏襲したとおぼしいドルヴァル夫人は、より綿密な規定を施そうとする。歩くとき、女性は腕をからだの両脇に垂らさないで、手に何かをもちながら、腕を曲げてベルトの高さに保つほうがよい。速すぎても、ゆっくりしすぎてもよくないし、均等な速度で歩くべきである。サロンのなかでは緩やかに、かつしなやかに、滑るように歩を運ぶのが望ましい。[*20]

　スタッフ夫人とドルヴァル夫人の二人は、どちらも「訪問」に関する章において、握手のしかたや身振り・動作について、こまかな忠告を連ねていく。

　握手について。先に手を差しのべるのは女性であって、男性のほうから女性に手を差しのべるのは礼儀に反する。女性と握手したとき、男性はその手をあまり強く握ったり、あまり長いあいだ握ったりしてはならない。同性であれ異性であれ相手が目上のひとの場合、相手が手を出すのを待つほうがよい。握手というのは、信頼を示す身振りであるから、するときは率直な態度をとるべきで、指先でうわべだけの握手をするのは礼を欠く（スタッフ夫人）。この規則をそのまま受けついだドルヴァル夫人はさらに、初対面のひと同士の場合、お互いにたちまち共感を覚えたとき以外は握手する必要がない、とつけ加える。握手というのは信頼の表現であると同時に、愛情のしるしなのだから。

　身振りや動作については、禁止事項が連ねられているのが特徴である。スタッフ夫人によれば、何かにつけて大仰な身振りをするのは下品であり、たとえば天を仰いだり、気絶したり、目を回したり、手を合わせて腕を高く上げたりするのは、ドラマチックな状況にでもないかぎり滑稽千万な行為にすぎない。また、いらいらは現代に特有の病であるとはいえ、じっとしていられずに絶えず動き回るひとというのは、耐え難い。そしてスタッフ夫人は、感情をあまり直截に表出することにたいして否定的である。それは率直さというより、育ちの悪さとして断罪されている。

> 受けた印象がどのようなものであれ、それを抑えるようでなければならない。苦しみ、喜びなどは、何も極端に誇張した身振りなどしなくても、十分に表現できるものである。そのような慎みの念をもたらすのは最初の教育であるから、母親たるもの、それを子供たちにしっかりと教え込むようにするべきであろう。[*21]

要するに、誇張とおおげさなしぐさが非難され、内面の感情を表白するに際しても、飾り気のなさと、控えめと、抑制が推奨されている。いかなる誇大表現とも無縁でいることが、作法を心得た身体のたしなみなのである。礼儀作法書は、身体の慎みと節度をすすめていた。

顔の記号学

同じことは、顔の表情についてもあてはまる。顔は身体のなかで、つねに露出している唯一の部分である。そこには、ひとが生物的に生きていくために必要な多くの機能が集中している。顔は人間のアイデンティティーを保証するもっとも重要な部分であり、容貌は精神の外在化された状態だと見なされていた。内面と外面の照応関係がきわめて鮮明に露呈するとされたのが、顔であり、その表情だったのである。社交生活においては、ひとは顔で、外面で判断される。したがって、みずからの表情を制御することは、みずからの内面を制御することであり、みずからの存在そのものをコントロールすることにほかならなかった。

スタッフ夫人は語る。顔がわれわれの感情や印象を表わしてしまうのは避けようもないが、少なくとも礼節の観点からいうならば、怒り、軽蔑、不機嫌といった感情は抑えたほうがよい。それにたいして、寛大で鷹揚な気持ちは表情に出してもさしつかえない、と。ドルヴァル夫人はと言えば、さらに美容術の配慮をもちだして、節度ある感情表現をするよう説く。女性が怒りや嫌悪の情にかられて渋面をつくるのは、見て不愉快なばかりでなく、女性自身の皺をふやし、顔を老化させる元凶である！　微笑こそ、女性の顔にふさわしい、と。

ほほえみは、当然のことながらやさしくあるべきだし、顔は、ひとが感じる好意と寛大さにあふれた感情だけを示すべきであろう。時の経過が顔の上に早急にその痕跡を残すのを望まないのであれば、好意と寛大さにあふれた表情こそ、容貌に表われることが許された唯一の表情である。[*22]

礼儀作法書ばかりではない。顔や表情が、個人の人格や社会的帰属を示唆する雄弁な記号であるという思想は、十九世紀文化を構成するさまざまな知の領野に広く流布していた。現代のように、社会階層の差異を示す符牒がますます希薄になっている時代とは異なり、当時は、外見上の違いが階層や、職業や、出身を露呈するしるしになりえた。服装、立ち居振る舞い、言葉遣いなどとともに、顔と表情は個人を差異化する要素だったことを忘れてはならない。とりわけ、産業革命の進展にともなって労働者大衆と匿名の群衆がうごめくようになった都市では、素性の分からない未知のひとたちが行きかう。都市生活の匿名性が漠然とした不安を生みだすなか、人々はお互いの顔を見つめながら、相手の人格を読み解こうとし、アイデンティティーを探ろうとするだろう。

顔と表情、さらには頭蓋骨のかたちを吟味することによって、人間の性格や前歴をほとんど科学的に解読できるとしたのが、ラーヴァターの「観相学 physiognomonie」やガルの「骨相学 phrénologie」にほかならない。その知に染まったバルザックは『人間喜劇』のなかで、作中人物たちの顔、容貌、表情をかつていかなる作家もなしえなかったほど詳細に、かつマニアックに記述してみせたが、それは彼にとって、まさに顔が人格を映しだす鏡だったからである。

そのバルザックが活躍したフランスの一八四〇年代に、「生理学」というジャンルが流行する。特定の階層の風俗を描いたり、さまざまな職業にたずさわる人々の生態を語る文学史上のジャンルで、同じ時期に体系化されつつあった博物学や植物学の分類法に触発されながら、いろいろな人間類型を叙述したものである。「法律家の生理学」、「学生の生理学」、「娼婦の生理学」といったタイトルが、このジャンルに光彩をもたらす。そこでも、顔と身体は決定的な意義をもっていた。

十九世紀において、礼儀作法とは育ちのよいブルジョワの作法であった。ブルジョワは身体技法の正当性をみずからのものだと主張し、それを民衆には認めない。『フランス革命と身体――性差・階級・政治文化』の著者ドリンダ・ウートラムの筆法にならうならば、ブルジョワにとって民衆の身体は管理されていない身体、すなわち作法や礼節のあずかり知らぬ身体であり、他者であり、暗黒大陸ということになろう。ブルジョワ的な容貌と、民衆的な容貌は和解しがたいほどに分離し、対立するほかない。顔は、階級性を刻みこまれた表面なのであり、他者の顔は不安をひきおこす。労働階級が危険な階級と見なされたのは（ルイ・シュヴァリエ）、心理的、社会的な反応であると同時に、身体的な反応でもあった。

　不安をもたらすもののひとつは、犯罪である。ここでもまた十九世紀ヨーロッパ社会は、顔と表情にこだわった。犯罪者は顔のない、匿名の人間ではなく、つねに固有の相貌をまとった特定の人間である。犯罪が増加した十九世紀の後半、医学者や遺伝学者たちはしきりに、生まれつき犯罪をおかすべく運命づけられているようなひとが存在するのではないか、そしてその運命は顔つきに刻印されているのではないか、と問いかけた。すでに触れたラーヴァターの観相学やガルの骨相学は、そのような考え方の遠い淵源であろうし、プロスペル・リュカの『遺伝に関する哲学的・生理学的論考』（一八五〇）と、ベネディクト・モレルの『人類における身体的、知的、および精神的退化』（一八五七）は、犯罪や精神異常と、身体的特徴の因果関係を問う、一種の犯罪人類学を素描していた。

　その流れを決定づけたのは、世紀末イタリアの精神病理学者チェーザレ・ロンブローゾ

（一八三六―一九〇九）である。犯罪者の統計的研究をすすめてきた彼は、一八七六年に刊行された『犯罪者論』（フランス語訳は一八八七年）のなかで、犯罪者の多くが隔世遺伝により、生まれながらにしてそうなる宿命にあるという説を唱えた。頭蓋骨のかたち、脳髄の容量、人相、体質などのいくつかの特徴が、犯罪性のあきらかなしるしとされ、犯罪者はいわば文明化されていない「野蛮人」だと断定されたのである。こうしてロンブローゾは、顔の形態のさまざまなサンプルを写真によって復元し、みずからの著作に付すことさえした。顔は犯罪性をはらんだ記号の集合として分類されたのである。それは、動植物や鉱物の標本をつくる作業とどこかしら似ていないだろうか。

　犯罪を取り締まる警察にとっても、顔と身体は重要な意味をもっていた。たとえば、パリ警視庁に勤務していたアルフォンス・ベルティヨンは一八八〇年代に、「人体測定法」を完成して、累犯者を突きとめるために大きな貢献をする。人体測定法とは、犯罪者の身長、両腕を伸ばしたときの長さ、頭蓋骨の縦径と横径、左手の中指の寸法をはかり、さらには右耳の縦横の長さ、左足の大きさ、小指の長さなどを正確に測定して、下位カテゴリーに分類していくというものである。

　こうして得られた身体のデータに司法写真が加わって、犯罪者の同定の精度を高めることになった。一般には、顔を正面から撮った写真と、横から撮った写真がそれぞれ一枚ずつ、人体測定カードに添えられる。プロフィールの輪郭線は年齢とともに変化することがあまりないし、意図的に変えることもできない。ときによっては全身の写真、さらには、特定の職業領域と密接なつながりをもつ犯罪者の場合は、作業服をまとった状態での写真まで添付されたという。「指紋」が犯人の割りだしに活用されるようになる以前、この「人体測定法」は有効な捜査手段として評価されたのだった。

ベルティヨンの「人体測定法」と司法写真は、警察や司法という制度が人々にどのような監視のまなざしを向けたかを、あざやかにしめしている。犯罪者という対象に向けられたこのまなざしは、人間を科学的に記述しようとする。かつては経験に富む捜査官の記憶と直観に頼っていた犯罪者の同定は、今や厳密な器具によって測定された身体各部の寸法と、カメラによって定着された顔写真にゆだねられることになった。それは人間を全体として把握するのではなく、ひとつのオブジェと見なし、オブジェの断片的な情報とイメージを蓄積していくことである。要するに、顔と身体を記号の集積と見なすことなのだ。

こうして顔と表情は、礼儀作法書のなかで規範化され、レアリスム小説や「生理学」によって語られ、骨相学にもとづいて分析され、犯罪人類学によって先天的な犯罪傾向が刻まれる表面と見なされ、司法写真の分野では、個人のアイデンティティーを露呈する究極的なしるしとされた。そこに共通しているのは、顔と表情を記号学的な解読の場にしてい

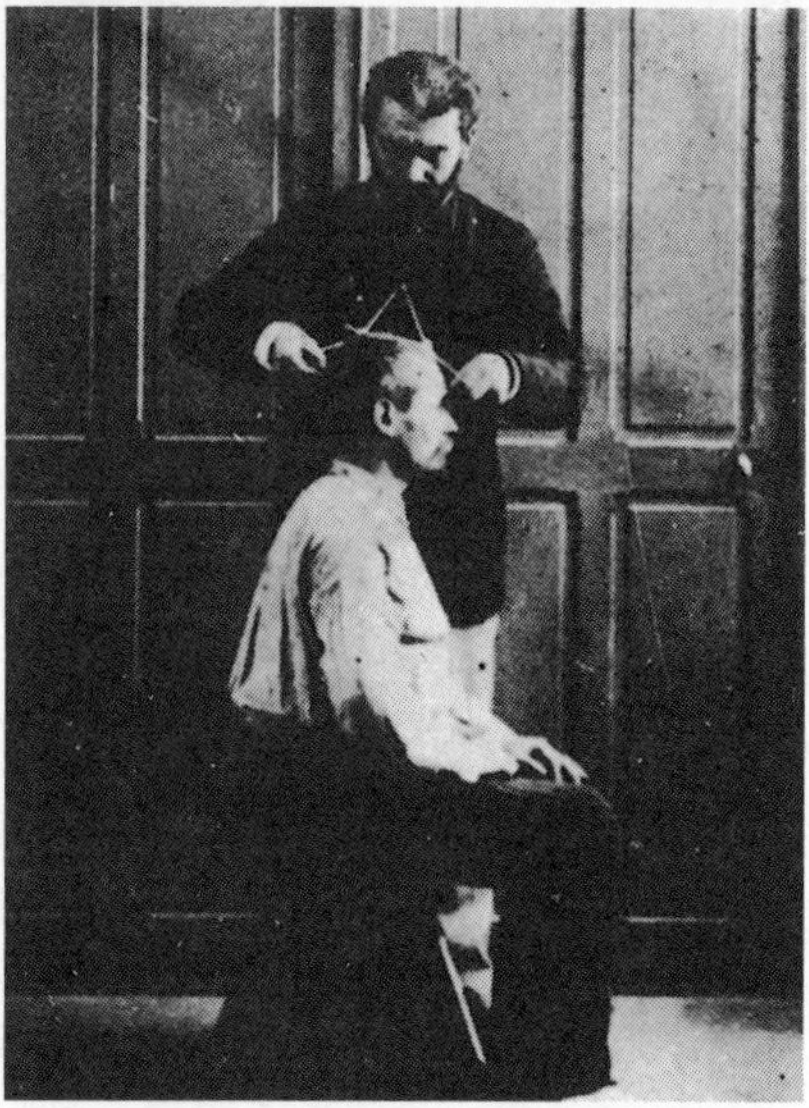

パリ警視庁における犯罪者の写真撮影（『イリュストラシオン』紙、1889年）［上］と、ベルティヨン式人体測定法による頭部の測定[右]。人間のアイデンティティーを確定するために顔と表情を記録するという考え方は、犯罪捜査の発展と密接につながっている。司法写真は、現代の身分証明書の祖先である。

るということである。[*23]

規制される娘の身体

礼儀作法書においては、女の身体が男の身体よりもはるかにきびしく規定され、コントロールされている。換言すれば、女は男よりも、その外面性（身体、動作、表情、衣服、装身具）において判断され、価値づけられる度合いが高かったということである。女のなかでは、とりわけ未婚の女性が礼儀作法によって強く身体を拘束された。既婚の女性がモラルや愛情の面でさまざまな規範を課されていたのにたいし、娘たちは、より多く身体的な規範を受け入れるようもとめられていた。若いブルジョワ娘にとって、身体の抑制を学び、優雅さを習得し、態度物腰の自然らしさを身につけるのは、来《きた》るべき結婚のために役立ちうる有効な武器だと考えられていたのである。スタッフ夫人とドルヴァル夫人はともに、「若い娘」という一章を設け、未婚の女性に向けて詳細にわたる身体技法を説いていく。

公的空間では、とりわけ身振りやしぐさに関して禁止事項が多い。未婚の若い女性は、通りで振り返って通行人を見てはならない。ひとりで、あるいは下女を引き連れて外を歩いているときは、男性に言葉をかけさせてはならない。公的な場所で、友人たちと一緒に大声で話したり、笑ったりするのは論外である。劇場で、面識のないひとのほうにオペラグラスを向けるのは礼を欠く。衣服について言えば、いくらかのコケットリーは好ましいと思われもするが、奇抜さは排除すべきであろう。

会話に際しても、注意すべき点は少なくない。声は大きすぎても小さすぎてもいけないし、気取ったり、気だるげな抑揚もふさわしくないし、はっきりした口調で自然に話すのがよい。無益な叫び声をあげるのは控え、誇張や逸脱を避けるべきである。愛情や好意をこれ見よがしに表出するのは礼節に反するし、感情を抑える習慣を身につけるべきである。会話をしているときは、正しい姿勢をたもち、背筋をぴんと伸ばしながらも優美さを失わないように留意すべきである。そして、しどけない態度や、逆にあまりに決然とした態度は若い女性に似合わない。

スタッフ夫人にとってもドルヴァル夫人にとっても、若い女性の身体を魅力あるものにするのは、「優美さ grâce」と「自然らしさ aisance」というふたつの美徳である。そしてこの優美さと自然らしさを獲得するためには、家事やスポーツをつうじて四肢を適度に訓練する必要があると説かれている。上流階級の男性にたいしては、すでに十九世紀前半から乗馬、狩猟、フェンシングなどが身体鍛錬の手段として勧められていたが、女性にとっ

ベル・エポック期の作法書は、女性が優美な身体をつくり、自然な立ち居振る舞いを身につけるための手段として、ダンス、体操、テニス、乗馬、自転車、水泳などのスポーツを勧めた。当時の絵葉書は、女性のあいだにスポーツが普及したことをよく証言している。

LA MODE

DE

L'ILLUSTRATION

19 OCTOBRE 1901

Costumes de sport.

N° 1. — **Costume pour la bicyclette.** — *Pantalon court bouffant en homespun bleu matelot.*

Boléro court en homespun orné aux revers et aux manches de galons bleus deux tons. Ce boléro s'ouvre sur un plastron de soie drap rouge garni de broderies bretonnes.

Canotier en feutre gris orné de velours bleu.

Guêtres de drap beige. Gants en daim.

N° 2. — **Toilette de promenade.** — *Cette robe forme princesse est en drap zibeline noisette; elle est ornée de volants et de revers piqués et s'ouvre sur un devant en panne loutre garni de revers en guipure brodée et boutonné par des boutons en vieil argent. Col et parements en panne loutre appliqués*

Chapeau en feutre noisette orné de panne loutre et de boucles en strass. Gants blancs.

N° 3. — **Costume d'amazone.** — *Jupe en drap satin aubergine sans traîne. Jaquette en drap aubergine à basque rapportée; cette jaquette est fermée par de petits boutons or mat. Chapeau marquis en feutre*

スポーツを実践する女性の身体は、モードと無縁ではない。自転車、散歩、乗馬にふさわしいコスチュームを宣伝する『イリュストラシオン』紙、1901年10月19日号のモード記事。

ての身体訓練の手段としてスポーツが推奨されるようになるのは、十九世紀末期になってからである。ふだんは深窓の令嬢として閉じこもりがちの生活を強いられ、結核、貧血、萎黄病などの危険にさらされていた女性たちを前にして、それは身体を健全にするための医学的、衛生学的な配慮にもとづく方針であった。作法書が女性たちにスポーツを推奨したことの背景に、そのような歴史的経緯があったことを想起しておくのは無駄ではないだろう。

スタッフ夫人が特に勧めるのは、ダンスと体操。ベル・エポック期に刊行されたドルヴァル夫人の著作になると、ブルジョワジーのあいだでスポーツが流行をみた時代であるだけに、スポーツにたいする称賛の声はいっそうトーンが高まる。

> ごく幼い頃から、女の子にはあらゆる種類のスポーツに慣れさせて置くべきである。そうすれば女の子のからだは柔軟性を増し、立ち居振る舞いも良くなって、正しい姿勢をとるという習慣によりよく適応できるようになるだろう。（中略）スポーツを行なうことによって、若い女性は、軽快で優美な立ち居振る舞いを身につけることができる。[*24]

このように主張するドルヴァル夫人が評価するのは、関節をやわらかくし、調子よく歩くようになるためのダンスと体操であり、器用さと気品をもたらすテニスやポロやアーチェリーであり、姿勢をよくする乗馬であり、当時若い女性たちのあいだで流行していた自転車である（ここで思わず、プルースト作『花咲く乙女たちのかげに』のなかで、ノルマンディー地方の海岸を自転車で通りすぎるアルベルチーヌの姿を想起するのは、筆者だけではないだろう）。ベル・エポック期、礼儀作法書のディスクールにおいて体操が身体を訓育する有効な手段と見なされ、スポーツが身体文化の重要な一部になっていたことを、二人の著作はよく示している。

身体の暴力性を中和する

身体をめぐってさまざまな規範が設定されたのは、礼儀作法書において、身体が魂の反映、内面性を映しだす鏡とされたからである。そこでは、存在と外面が分かちがたく結びついているのだ。それなりに誤りでもなかろう人口に膾炙《かいしゃ》した俗諺によれば、「ひとは見かけによらない」、あるいは「ひとを外見だけで判断してはならない」という。それにたいして、作法書のディスクールは、対人関係においては人間が見かけによって判断されるということを前提にしている。礼儀作法や礼節は、他者との出会いや関係のなかで機能する価値である。そのとき、われわれ各人を他者のまなざしにたいして可視的にするのは、われわれの身体にほかならない。こうして動作、身振り、態度、姿勢、表情、衣服など、身体によって表現されるあらゆるものが、身体に宿る精神の特質をあらわす符牒になっていく。礼儀作法とは、いわば身体を記号化し、その記号性を洗練させようとする試みであると言えよう。

この身体の記号性には、ふたつの側面がある。

第一に、身体は精神を露呈する記号なのだから、身体にこまかな配慮を加えることは、とりもなおさず精神に配慮を向けることにほかならない。健全なる身体に健全なる精神が宿るように、礼儀正しい立ち居振る舞いや、端正で優雅な身だしなみは、礼儀正しい精神と端正な魂を反映するだろう。その意味で、礼儀作法を守ることは単に美的な価値をはらんでいるばかりでなく、同時に、倫理的な次元をまとう行為なのである。ナディーヌ・ド・ロートシルドの『魅惑する幸福、成功する技術——今日の礼儀作法』は、礼儀作法の基本である気品や衛生を無視すれば、やがてそれが身だしなみや、思考や、道徳面での怠惰につながっていくと警告している。

> 気品の規則あるいは単に衛生の規則に違反すれば、（中略）その小さな違反がたちま

ち他の違反を引きおこしていくだろう。衣服や靴を選択する際に厳密さを欠くようになると、あなたの思考の展開や、娯楽の選択や、友人の選択にまで、厳密さが欠けるようになる。そしてとりわけ、あなたの道徳性が緩んでくる……。[25]

礼儀作法書はしばしば、身体によって積極的に自己表現することを勧める。それは身体による自己表出によって、他者にたいしてみずからを呈示し、みずからの価値を高めようとすることである。ロートシルドの著作のタイトル『魅惑する幸福、成功する技術』は、その点でこの上もなく示唆に富む。「魅惑する幸福」はおもに女性を、「成功する技術」はおもに男性に向けられたメッセージだが、いずれにせよ、自分について他者や社会がくだす評価を高めることを、礼儀作法の目的として積極的に打ち出している。言語とならんで、身体や身振りはみずからの個性を表現するための基本的な媒体なのだ。

そのとき作法にもとづく身体表現とは、アメリカの社会学者アーヴィング・ゴッフマンの用語を借りるならば、一種の「パフォーマンス」ということになるだろう。動作、身振り、衣裳、会話などはパフォーマンスの過程で用いられる「表出装備」であり、それが繰り広げられる場面や空間は「舞台装置」である。ゴッフマンはアングロ・アメリカ社会を例にとりながら、舞台装置のなかで遂行されるのは劇的な自己表出であり、ある種の職業にあってはそれがコミュニケーションの基本であると主張する。[*26]

他方、ピエール・ブルデューは現代フランス社会の観察にもとづきながら、身体の社会性を強調する。

> すべてはあたかも、ある社会的存在状態に結びついた一連の社会的条件づけが、固有の身体にたいする持続的で全般化した関係のうちに、つまり自分の身体をある状態に保ち、他人に呈示し、動かし、それに対して一定の場所を作ってやるやりかた（これが身体にその社会的相貌をあたえる）のうちに、社会界にたいする当人の関係をしるしづける傾向があるかのようだ。社会的方向感覚の基本的側面である身体的ヘクシス〔＝身体の処しかた〕は、よく言われるように人が自分自身の社会的価値についてもっている感覚を経験し表現する一つの実践的方式である。[*27]

要するに、身体の技法が社会におけるみずからの位置づけを強く規定するということである。こうして礼儀作法は、身体を社会的に価値づけ、社会的帰属をあらわす記号にしたてあげる。身体は肉体であると同時に社会であり、社会的な価値づけの媒体になる。身体は社会的《卓越化《ディスタンクシオン》》をさし示す。

礼儀作法書において表象される身体の第二の位相は、これとは逆に、抑制され、コントロールされる身体としての位相である。キリスト教の伝統にしたがえば、身体とは罪と過ちの場にほかならないから、それは絶えず監視され、束縛されなければならないのだ。礼儀作法書のディスクールに「……してはならない」という禁止形、あるいは否定命令形が頻出するのはそのためである。先にエラスムスの『子供の礼儀作法について』を分析した際に、排泄物、洟、つばなど、体内から排出される分泌液が容赦なく断罪され、ある種の身振りが「動物的」だとして排撃されているのを確認した。礼儀作法書における身体の抑圧はその後しだいに強まり、十九世紀の末から二十世紀初頭にかけて、おもに女性読者に向けて書かれた作法書ではとりわけこの傾向が著しい。

ただし、身体の管理はかならずしも威圧的な禁止事項にもとづいて定式化されるとはかぎらない。それどころか、礼儀作法書はときに、意識的な無頓着が身体の優雅さを際立たせることもあると主張する。ドルヴァル夫人は次のように述べている。

> 若い女性に気品と自然らしさをあたえる最良の方法は、このふたつを獲得するために何も特別なことをしなければ、彼女は人々から注目されるようになるということを、女性に納得させることである。[*28]

ここには、一見したところ大きなパラドックスがあるように思われるかもしれない。気品と自然らしさという美徳を手に入れさせるためにこそ、礼儀作法書は女性たちにたいして無数の規則や規範を説いてきたのではなかったか。人々から注目されるためにこそ、数多くの忠告をしてきたのではなかったか。ところがドルヴァル夫人はここで、気品と自然らしさを獲得し、人々から注目されるためには、何もしないのがいちばん良い方法だと言っているのだ。

だが、これはパラドックスではない。動作、身振り、立ち居振る舞い、衣服をめぐる規範的言説がはっきりと示しているように、礼儀作法書のディスクールは欲望や欲求の中枢としての身体を隠蔽しようとする。そして身体の物理性、あるいは動物性を緩和しようとする。身体をいわば飼いならすことによって、その潜在的な脅威を未然に回避しようとしているかに見える。このように礼儀作法が身体の暴力性を弱めるための知恵であるという認識は、現代の作法書にまで受けつがれている。ナタリー・パクーによれば、礼儀作法とはまず何よりも、人々がよりよく融和しながら暮らしていくための不文律である。同時に、

しかし礼儀作法には、単なる慇懃さほど明瞭ではないが、それよりもずっと重要な役

割がつねに備わっていた。他人の身体的存在を弱め、その攻撃性を無化することである。たとえば、道で誰かがあなたに激しくぶつかって謝りもしなければ、あなたはたちまち呪詛の言葉を吐きたくなるだろうし、暴力沙汰にならないともかぎらない……。それに反して、問題の御仁があなたに謝れば、あなたは多少とも率直に「どういたしまして」とかなんとか言って、それで事は終わりになる。[*29]

暴力性とアナーキーを宿す身体を中和すること、欲望の主体としての身体を抑制すること。これがルネサンス時代のエラスムスから現代の作家にいたるまで、礼儀作法書のディスクールに通底するイデオロギーにほかならない。

十九世紀の医者や生理学者が、女の身体がはらむ欲望や快楽への志向をことのほか恐れていたことを、私はすでに第1章で論じた。彼らは、女の身体を科学的な理論によって対象化し、女の性本能や生殖能力に言い知れぬ脅威をおぼえ、その噴出を防ごうとしていたことを思い出してほしい。あからさまな身体性の表出に不信感をいだくという点で、そこには礼儀作法書との類似が読みとられる。十九世紀の作法書の多くが、女性たちのために綴られたことを思うならば、医学のディスクールも礼儀作法書のディスクールも、女性の身体を規制しようとする点で共通しているのである。

補章 〈女らしさ〉の文化史・再考

あなた方は、一年間に女性に関する本がどのくらい書かれているか、御存知ですか？ そうした本が男性によってどのくらい書かれているか、見当がつかれますか？ 御自分たちが、おそらく世界中で最も多く論じられている動物であることにお気付きですか？

（ヴァージニア・ウルフ『自分だけの部屋』、川本静子訳）

若い頃に足を踏み入れた苦闘の一つは、私の体という領土を管轄しているのは私なのか、それとも私以外の誰かなのか、あるいは、私以外の誰でもなのかという点にあった。境界を支配しているのは私なのか、敵対者の侵攻を防ぐことはできるのか、私は私自身の指揮下にあるのか。

（レベッカ・ソルニット『私のいない部屋』、東辻賢治郎訳）

本書の元本が出版されたのが、ちょうど四半世紀前の一九九九年である。中公文庫に収められたのが二〇〇六年で、それからでもすでに二十年近くが経過した。その間に、歴史学、文学史、社会学、人類学、哲学などの領域で、ジェンダー研究は大きな進展を示し、現代人はジェンダーの問題に無関心ではいられなくなった。さまざまな領域におけるジェンダー問題の現状を総括する『ジェンダー事典』が二〇二四年一月に刊行されたことは、そのひとつの表われにほかならない。このたび文庫が再版されるのを機に、そうした変化を踏まえ、そして自分自身の研究に触れながら本書の射程を振りかえり、「その後」について述べてみたい。

本書のねらいは何だったか

『視線のエロス』（一九九七、日本公開は一九九九年）というフランス映画がある。

登場人物は結婚している中年男フランソワと、旅行代理店に勤める二十二歳の女性ミュリエルの二人だけで、男が女に言い寄り、恋愛関係を結ぶが、諍いと和解、親密性と離反をくりかえしながら最後に女は去っていく。この映画が特異なのは、カメラが終始、ミュリエルの姿、表情、しぐさ、そして言葉だけを捉えていることだ。金髪でロングヘアの彼女の表情には、あどけなさと妖艶さが入り交じる。彼女の向かいに、あるいは隣に男はいるのだが、彼の姿はけっして映らない。撮影カメラがフランソワの視線と一体化して、スクリーンにはミュリエルの姿だけが映しだされ、ミュリエルの声だけが響くのだ。それ以外には、フランソワの視線の動きにおうじて、あるいは二人が移動するのに対応して、職場や、窓外の風景や、パリの街並みや、カフェの内部が映像として現れるにすぎない。

　要するに、この映画では男が主体で女が客体であり、男のまなざしが女の身体と意識を一貫して対象化しているのである。『視線のエロス』とは絶妙のタイトルで、男のまなざしの遍在と、男の身体の不在（男の姿はスクリーンに映らないから）を同時に示す。ただし、映画の原題は *La femme défendue*。意図的に両義的なタイトルで、「守られた女」であると同時に「禁じられた女」という意味になる。カメラがミュリエルの身体や表情に直接働きかけることはできないから、彼女は守られている。他方で、妻帯者フランソワからすれば、ミュリエルは倫理的に禁じられている恋愛相手であり、カメラの作用もその禁忌を冒すことができない。

　この映画を観たとき、私は自分が書いた本書を想起した。私は、見つめられ、対象化された女性たちをめぐる歴史を物語ったからである。本書では、近代フランス、より具体的には十九世紀から二十世紀初頭にかけてのフランスを舞台に、医学・生理学書、文学、美容関連の本、性と生殖をめぐる啓発書、礼儀作法書、そして絵画や版画をおもなコーパスとして、女性の身体がどのように表象され、「女らしさ」の規範がどのように形成されたかを問いかけた。身体表象に着目したのは、それが自然と文化、現実と想像力が出会い、ときに結託し、ときに葛藤する恰好の対象だったからにほかならない。

その身体表象を浮き彫りにする契機になったのが病、性愛、美のレトリック、衣服、身体作法などの要素であり、本書ではそれらの要素にそくして議論を展開している。医学、生理学などの科学的言説、礼儀作法書や啓蒙書などの社会的言説、そして文学と絵画などの芸術表現が、女性の身体と感覚と意識をめぐってジェンダー論的に驚くほど一貫した表象を紡ぎだしていた。そのことをつうじて、「女らしさ」という文化的、社会的な規範が構築されていったプロセスを示せたと思う。

本書から分かるように、近代フランスにおいて女性の身体、身ぶり、衣服、感情は、多くの場合男性によって見つめられ、観察され、分析された。ヴァージニア・ウルフが『自分だけの部屋』（一九二九）のなかで指摘したように、イギリスでも状況は同じで、だからこそ彼女はそのことに強い違和感を覚えたのだった（冒頭に引用した一節を参照のこと）。女性の身体と病理を分析した医者と生理学者、女性性の規範を論じた啓蒙書の作者、女性たちのさまざまな情動と危機を描いた作家、彼らの大多数は男だった。礼儀作法書の著者の多くは上流階級の女性だったが、そこで女性の身ぶりや衣服や言葉遣いについて提出されている規則は、男性による言説と異ならない。作者が男であれ女であれ、女性は多様な言説によって対象化されたということである。

女性の自己形成において身体性がきわめて重要な位置を占めることは、現代文学にも表れている。日本を例にとるならば、赤坂真理の小説では、みずからの身体が極限的な状況に陥ることによって、あるいは傷つくことによって、作中人物が生きることを実感し、充足を知る。たとえば『ヴァニーユ』（一九九六）では、暴力事件に巻きこまれて顔に大きな傷を負った女性が、その傷ゆえに生まれた未知の皮膚感覚をとおして、外部世界と新たなコミュニケーションを築いていく。金原ひとみや川上未映子など現代の文学シーンを代表する女性作家の作品でも、少女や女性はその身体によってみずからを主張し、しばしば苦しみ、ときには逆に幸福な時間を体験する。あるいはまたアメリカに目を向けるならば、『私のいない部屋』（二〇二〇）のなかでレベッカ・ソルニットは、みずからの生涯を回顧しつつ、女性の身体の困難性を語っている。十九世紀フランスと現代の日本やアメリカでは、女性が同じような状況に置かれているわけではないが、「女らしさ」の規範が深く浸透し、そこに閉塞感を覚える者がいた（いる）ことは共通している。

「あとがき」に書いたように、ある編集者から慫慂《しょうよう》されるまで、私は身体、とりわけ女性の身体に関する本を著わすことは、まったく考えていなかった。それまでの私は十九世紀文学をおもな研究フィールドにしながら、文学と歴史の関わり、文学のイデオロギー性の問題を、文学史と文化史が交差する領域で問いかけていたからである。一九九七年から翌年にかけて一年間のパリ滞在を利用して、寓居の近くに位置するフランスの旧国立図書館に通いながら、本書のコーパスになった古い文献を読むことに費やした日々は、今となっては懐かしい思い出である。文献の多くは、当時であればパリの国立図書館でしか参照できなかったが、現在ではそのかなりの部分は国立図書館のサイトにアクセスして、容易に閲覧できる。まさに隔世の感がある。

身体と逸脱

本書の執筆がきっかけになって、私は身体のテーマに魅せられ、その後しばしば身体表象に関する文章や論考を、さまざまな媒体に発表するようになった。おもに近現代フランスの文学（とりわけ小説）、文化、歴史を素材にしている。絵画、彫刻、版画、映画やテレビドラマなどの視覚芸術に比して、言語による表現である文学の場合、そこに身体表象の特徴を読み解くことはけっして容易ではない。一般的に、読者は物語の筋を追い、登場人物たちの言動や運命や関係性をたどることに集中するから、個々の人物の身体性には、それがよほど特殊なものでないかぎり、ほとんど注意を払わないのではないだろうか。そのようにともすれば素通りされてしまいそうな文学作品の細部に、私は視線を向けようとした。

　こうして、本書の文庫版が出たのと同じ年、しかも同じ中央公論新社から『身体の文化史――病・官能・感覚』を上梓するにいたった。そこでは本書の問題意識をうけて、女性の身体とジェンダーが大きなテーマになっている。医学の言説のほかに、とりわけフローベールやゾラなどリアリズム作家の作品における女性の性愛を問いかけ、タブーとその侵犯というテーマ系を論じた。さらには身体性との関連で、匂いや香りがもたらす表象について語り、身体の異変である病に焦点を当て、アルコール依存症、結核、エイズなどの病理がどのように意味づけされてきたかを、近現代の文学をとおして探ってみた。『身体の文化史――病・官能・感覚』と本書『〈女らしさ〉の文化史』は、文字どおり姉妹編である。

　本書では「女らしさ」の規範がさまざまな視点から分析されている。しかし規範があれば、そこから逸脱する現象が生じることは避けられない。というより、規範と逸脱は表裏一体の関係にあり、逸脱を断罪し、ときにはそれまで正常だったことを逸脱のカテゴリーに組み入れることで、規範はみずからを強化していくのである。では近代フランスの社会、文化、道徳において、どのような逸脱が断罪され、その断罪はどのようなかたちをまとっていたのだろうか。こうして私は『逸脱の文化史――近代の〈女らしさ〉と〈男らしさ〉』（二〇一九）において、このテーマに取り組んだ。

十九世紀から二十世紀前半にかけてのフランスの文学作品を読むと、身体、情動、感覚、欲望、性愛をめぐって、じつにさまざまな逸脱あるいは倒錯の物語に出会う。文学以外に目を向ければ、当時台頭してきた精神医学、性科学、犯罪人類学などがこの逸脱の問題を頻繁に論じていた。現代の感覚からすれば、けっして逸脱や倒錯のカテゴリーに分類されるような現象ではないのに、当時の西洋の価値体系や道徳観からすれば規範から外れるとされた現象があったのだ。そのことを踏まえつつ、第Ⅰ部では、女の身体をめぐって神秘性の形象、感応遺伝の神話、両性具有の誘惑を論じ、第Ⅱ部では、男をめぐって独身者にたいするまなざし、同性愛、マゾヒズムそしてフェティシズムの形象を問いかけた。逸脱は男女ともに存在するが、男と女ではその種類が異なるのであり、その差異にジェンダー性が露呈すると言えるだろう。

「女らしさ」だけでなく「男らしさ」の規範と、そこからの逸脱を論じたことに興味をもってくれたのだと思うが、『逸脱の文化史』の刊行を機に、思いがけず神田のある書店が二〇一九年春に、ジェンダー関連の本を集めたブックフェアを開催してくれた。ジェンダーが身体、性愛、家庭、教育、職場においてどのように構築され、文学と芸術においてどのように表現されてきたのかをあらためて考えるために、日本および諸外国を対象にして、歴史学、哲学、社会学、表象文化論、文学および文学研究など多様な分野から関連本を私が選書し、短いコメントを付した著作およそ五十点が、書店の一角に並べられたのである。

直接的に女性の身体やジェンダーを論じるわけではないにしても、私は他のいくつかの著作においても、文学、絵画、医学におけるジェンダー性を意識しながら研究を進めてきた。また、現代フランスを代表する歴史家の一人アラン・コルバンの著作に親しみ、その何冊かの邦訳にたずさわったことも、このテーマへの感度を上げてくれたように思う。とりわけコルバンが監修した三つの歴史書シリーズ、『身体の歴史』『男らしさの歴史』『感情の歴史』は、その表題に明瞭に示されるように、現代の歴史学界において身体史とジェンダー史への重要な貢献になっている。こうして見ると、本書『〈女らしさ〉の文化史』は私にとって、ひとつの転機を画した仕事だったのかもしれない。

現代のジェンダー研究との接点

二十世紀の末以降、さまざまな学問分野のみならず、社会生活や日常生活のあらゆる領域でジェンダーは今や無視できない問題である。いまだに無神経な、あるいは時代錯誤的な発言をする公人もいるが、人々が生活や仕事のあらゆるレベルで、個人差があるとはいえジェンダーを意識するようになったのは否定できない。そして初期の段階では、ジェンダー研究はおもに女性の状況や「女らしさ」の束縛に焦点を当てていたし、研究者は女性が多かった。日本の上野千鶴子や竹村和子、アメリカのジュディス・バトラーやイヴ・セジウィック、そしてフランスのジュリア・クリステヴァやミシェル・ペローなどが、先鋭な理論を展開することで、社会学、哲学、歴史学におけるジェンダー研究を先導してきた。

文学研究においても、今やジェンダー批評はもっとも豊かな成果を生み出している領域のひとつだろう。本書では「女らしさ」の表象の視点から、近代フランスの作家と作品を数多く取り上げたが、その後日本の研究者によって、本書の考察を補完してくれる著作がいくつか刊行されている。

高岡尚子の『摩擦する「母」と「女」の物語――フランス近代小説にみる「女」と「男

らしさ」のセクシュアリティ』（二〇一四）は、娘、妻、母という人生の諸段階で、女性の身体とセクシュアリティがどのように描かれているかを問いかける。十九世紀において、女性は男性のまなざしによって他者化され、男性が主体としてみずからを確立する際に、その媒介者としての役割を期待された。霊感源としてのミューズや、妻＝家庭の天使というモデルが理想化される一方で、逆にそこから逸脱した妖しい宿命の女《ファム・ファタル》は、魅惑の対象であると同時に危険な存在だった。宿命の女は男を誘惑し、さらには頽廃させることで、ブルジョワ家庭の安寧を脅かし、社会の秩序を乱す悪と見なされたのである。

妻や母になっても、そこに新たな困難が生じる。フランス文学では、幸福な結婚や平和な家庭の物語が語られることはほとんどない。ジョルジュ・サンドの小説『アンディアナ』と『ヴァランティーヌ』（ともに一八三二）には、産むことを拒否する妻、生殖の務めを果たさない妻が登場するが、それはセクシュアリティを拒み、みずからの身体を男の欲望にゆだねないという決断にもとづく。それは女性に何よりも妻であり、母であることを求め、母性を生き方の規範にした近代のブルジョワ道徳にたいする、ひとつの挑戦にほかならなかった。さらに髙岡は、不倫する妻と子どものあいだに生じる緊張、母と娘の困難な関係性を、バルザックやスタンダールの小説をつうじてあざやかに読み解いてみせた。

他方、村田京子は『イメージで読み解くフランス文学——近代小説とジェンダー』（二〇一九）のなかで、十九世紀フランスの小説（スタール夫人、バルザック、ゴーティエ、ゾラの作品）を、それと関連する絵画や彫像などの造型的イメージを媒介として、ジェンダーの視点から考察している。その際、当時支配的だった父権性の価値観にもとづく「女らしさ」「男らしさ」の範疇から外れた人物に着目することで、この時代のジェンダー観を浮き彫りにすることに成功している。村田はまた『女がペンを執る時――19世紀フランス・女性職業作家の誕生』（二〇一一）において、ジョルジュ・サンド、ジャンリス夫人、デルフィーヌ・ド・ジラルダンそしてフロラ・トリスタンという四人の作家の軌跡を跡づけてみせた。現代と異なり、十九世紀まで文学は圧倒的に男たちの世界であり、女性たちはしばしば本名を秘匿して筆名で、あるいは夫の名で作品を刊行せざるをえなかった。文学という公的な文化制度もまた、ジェンダー的に不均衡な力学に支配されていたのである。

　村田の問題提起に呼応するかのように、フランスでは二〇二〇年にマルティーヌ・リード編著『女性と文学――ひとつの文化史』という本が上梓された。ポケット版とはいえ、二巻合わせて一五〇〇ページを超える浩瀚な本である。中世から現代までフランス（語圏）文学の歴史を、制度史、文化史、ジェンダー史と関係づけながら、女性作家たちの創作と実践に焦点を据えた著作になっている。個別の作家としては女性だけを立項し、女性たちが好んで実践したジャンル（日記、回想録、書簡）に大きな位置を付与する。いわば男たちのいない文学史が誕生したのである。明白に挑発的な企図であり、ここには従来の文学史を読み変えようとする野心が見てとれる。

近年の歴史学界においては、「感情史」が大きなテーマになっている。愛、悲しみ、怒り、喜びなど人間の基本的な感情は普遍的であり、時代と文明と民族を問わず共有されているように思われるかもしれないが、じつはそこにも歴史性があるというのが最近の認識である。フランスでは「アナール学派」の創始者リュシアン・フェーヴル以来、この学派の衣鉢を継ぐ者たちが感情や感性の布置を問いかけてきた。アラン・コルバンが監修した『感情の歴史』全三巻（二〇一七、邦訳は藤原書店）は、その集大成になっている。とりわけ十八―十九世紀を対象にした第Ⅱ巻には、日記、書簡、文学作品をとおして女性たちの欲望や不安のかたちを分析した章があり、本書の問題意識と通底するところが少なくない。日記、書簡、自伝、回想録などは、歴史学の領域で「エゴ・ドキュメント」と呼ばれ、人々の内面性や私生活を問いかけるうえで貴重な史料とされる。「女らしさ」をめぐる考察においても、文学と歴史は相互に補完的であることが分かる。

社会学やジェンダー研究の分野では、「感情労働」「感情資本」「ジェンダー資本」という概念が提出されている。たとえば看護や介護の分野では、女性の働き手が多く、そのことが介護労働＝女性の仕事という暗黙の了解を形成しやすい。しかもこの分野は、たんに経済性だけで動くのではなく、働き手が相手にたいして感情的に関わることが求められる。これが「感情労働」である。介護という仕事がジェンダー化されるわけだが、そうした感情労働においては、ジェンダー性が「女らしさ」に転換されることで、ひとつの文化資本として機能してしまうのである（この点については、佐藤典子『看護職の働き方から考えるジェンダーと医療の社会学――感情資本・ジェンダー資本』二〇二二、を参照していただきたい）。本書の議論に引きつけて言うならば、社会を円滑に機能させるために、共感と献身の名において「女らしさ」が利用されるということだ。

本書『〈女らしさ〉の文化史』は、あくまで近代フランスの「女らしさ」の構図、その規範と逸脱を論じたものである。しかし、現代日本のジェンダー問題を考える際にも、いくらか示唆をもたらしてくれるのではないかと思う。

「男らしさ」への問いかけ

十九世紀末における「男らしさ」の危機や、礼儀作法書が規定していた男の身体技法に関するページを除けば、私は本書においておもに「女らしさ」を論じた。とはいえ、それと対になる「男らしさ」の問題を軽視していたわけではない。われわれが一般に理解しているような「女らしさ」「男らしさ」の規範は、まるで合わせ鏡のように、西欧では同じ時代に成立したからである。したがって、ここで「男らしさ」の歴史についても少し述べておきたい。

本書で分析した「女らしさ」の規範の多くは、男たちが定式化したものだった。先述したように、二十世紀以前のフランスで、医者はすべて男性だったし、作家や芸術家の多くもまた男性だったからである。では、彼ら自身はみずからの男性性をどのように意識していたのか、あるいは意識していなかったのか。「女らしさ」が文化的、社会的に構築されるものであるように、「男らしさ」も自然なものでないことは、現在ではジェンダー研究の常識になっている。ボーヴォワール『第二の性』（一九四九）の有名な一文を転用するならば、ひとは男に生まれるのではない、男になるのだ。

「男らしさ」への問いかけは、「女らしさ」への問いかけより遅れて始まったとはいえ、一九九〇年代以降は欧米や日本でジェンダー研究の不可欠の一分野になっている。女性学とつながりが深いジェンダー概念は、「男らしさ」や「男性性」について再考をうながすことにもつながったのだ。男性研究者たちは、ジェンダー概念の浸透によって、男性としてのみずからのアイデンティティが歴史の刻印を押されていることを自覚したのである。

日本でも社会学、人類学などで「男性学」が生まれ、歴史学の領域で「男性史」が書かれる所以である。女性性や「女らしさ」が歴史的考察の対象だったように、男性性や「男らしさ」もまたジェンダー研究の俎上に載せられたということである。

ジョージ・L・モッセの『男のイメージ――男らしさの創造と近代社会』（一九九六、邦訳は中公文庫）は、その見事な例証になっている。モッセはドイツとイギリスをおもな対象にして、近代的な「男らしさ」の理想が十八世紀後半から十九世紀初頭にかけて形成され、その後強固にステレオタイプ化していったことを明らかにした。たくましく均整のとれた身体、精悍さ、英雄主義、名誉心、自己抑制など身体と精神面における諸価値が、この「男らしさ」を構成する。

他方でこの理想像は、それをよりよく際立たせるために、規範に適合できず、反社会的と見なされる集団を対抗的タイプとして見出す必要があった。こうしてユダヤ人、黒人、ロマ、浮浪者、精神的・身体的な障碍者が周縁化されていった。もちろん彼らは近代以前にも存在したが、十九世紀は彼らの周縁化を社会の構造に組みいれ、制度化したのが特徴である。「男らしさ」の理想は、まずブルジョワ階級の価値観として定着し、その後は貴族や民衆のあいだでも共有されていく。国家や社会や家庭の秩序を堅固にするため、「男らしさ」のイメージは二十世紀のファシズムの時代まで有効に機能した、というのがモッセの見立てである。

　フランスに関して言えば、二〇一一年に出版されたアラン・コルバンほか監修『男らしさの歴史』（全三巻、邦訳は藤原書店）が、男性史の潮流に位置づけられる。筆者（小倉）はこの本の監訳にたずさわった。「男の歴史」ではなく『男らしさの歴史』と銘打たれているのは、歴史における男たちの日常性や体験、彼らが実践してきた政治や経済活動を叙述するのではなく、文化的、社会的に構築されてきた「男性性」「男らしさ」を、その表象と神話をあぶり出そうとする試みだからである。こうして身体的な要素としては、たくましさ、力強さ、逆境にたいする抵抗力、性的な能力（生殖力）、精神的な要素としては自尊心、強靭な意志、正義感、愛国心、忍耐心などが強調される。

　このような「男らしさ」の価値と規範を教えこむ場として機能したのが、学校（二十世紀になるまで男女別学）、軍隊（もちろん男だけの世界）、クラブやサークル（おもにブルジョワ男性が集う社交空間）だった。そして女性向けの礼儀作法書があったように、「男らしさ」の理想を説く男性向けの礼儀作法書も出版されていた。

「女らしさ」と「男らしさ」の理想は対照的で、それが培われる場も、それが発揮される機会も異なっていた。その対照性をよく示すのがスポーツである。

　二十世紀以前、スポーツはほとんど男性にのみ許された活動であり、「男らしさ」と、男どうしの連帯を示すパフォーマンスだった。特徴的なのは、草創期のスポーツ競技は軍隊での訓練を下敷きにしているものが少なくないということだ。スポーツと戦争に共通する要素は団結心や勇気であり、どちらも「男らしさ」を鍛錬し、愛国心を高める。要するにスポーツは「男らしさ」を強めてくれるのだ。

逆に女性の場合、スポーツが「女らしさ」に似つかわしくない、女性特有の優美さを損なうと長い間考えられていた。確かに十九世紀末になると、本書の第5章で述べたように、テニス、ゴルフ、スケート、海水浴などのスポーツが少しずつ女性たち、とりわけブルジョワ階級の女性たちの間に浸透していく。ゴルフとテニスの練習用には多くのクラブが創設され、一部の女性たちにとって重要な社交の機会になった。一八九〇年代を時代背景に展開するプルーストの小説『失われた時を求めて』の第二篇『花咲く乙女たちのかげに』（一九一八）では、美しい少女たちが自転車を押しながら、ゴルフクラブを手にもって、ノルマンディー海岸の堤防の上を闊歩する姿が描かれている。とはいえ当時でも、スポーツする女性の姿に眉を顰める人たち（とくに男性）は少なくなかった。そのような状況下であえてスポーツを実践するのは、従来の「女らしさ」への異議申し立てという意味をはらんでいた。

男性にとって、スポーツが「男らしさ」を学び、身体化するための学校だったとすれば、一九〇〇年前後の一部の女性にとって、それは伝統的な「女らしさ」から解放され、自由を獲得するための手段にほかならなかった。同じスポーツでも、ジェンダー論的に見た場合、男性と女性ではその意義が異なっていたのである。ただし、この解放と自由が一部の女性たちだけに認められた特権だったことを忘れてはならない。

以上、「男らしさ」の歴史を瞥見することで、本書が論じた「女らしさ」の射程がより明確になるように思う。十九世紀から二十世紀前半にいたる西欧のブルジョワ社会は、社会と家庭における性別役割分担を、生物学的な差異に依拠する自然なことと見なし、「女らしさ」「男らしさ」というジェンダー規範においても、異なる体系を作りあげた。礼儀作法書にも明らかなように、社会は男性よりも女性にたいして、より厳しく身体とその表現を抑制するよう求めた。規範と秩序の名においてジェンダーの非対称性が正当化され、女性も男性もその規範を内面化するよう求められたのだった。それは女性にたいしては愛、家庭、私生活という領域を、男性にたいしては社会的活動、労働、軍事、政治や経済という公的領域を割りふったことに呼応する。

あとがき

私にこの本を書くきっかけをあたえてくれたのは、ひとつの出会いである。

一九九七年二月（だったと思う）、法蔵館の編集部から、雑誌『仏教』が「病いの人間学」というテーマで特集を組むので何か書いてもらえないか、という依頼が入った。『仏教』は宗教問題のみならず、差別、老い、性、生命操作といったアクチュアルな社会問題に関しても特集号を編んできた雑誌である。もともと文学研究者である私にこのようなテーマで原稿の依頼があったのは、かつてエルズリッシュ／ピエレ著『〈病人〉の誕生』（藤原書店、一九九二）という書物を翻訳したことがあるからだろう。フランスの二人の社会学者によって書かれたこの著作は、西欧を脅かしてきたさまざまな病の歴史をたどりながら、病と人間の関わりを分析し、現代社会において〈病人〉と見なされる人々がどのようにして誕生し、彼らが社会と医療現場にどのような問いを投げかけているかを考察したものである。

『仏教』に寄せる原稿が完成した時点で、編集部の人と会うことになった。中嶋廣さんと瀧川紀さんが拙宅の近くまで出向いてくださり、ある喫茶店で面識を得たのは、私の手帳のメモによれば三月十三日のことである。原稿を渡し、しばらく雑談していると、お二人はエルズリッシュ／ピエレ『〈病人〉の誕生』をカバンから取り出し、西欧の身体観をめぐる著作を考えてくれないかと切り出してきた。私は文字どおり驚いた。たしかに、拙著『19世紀フランス　夢と創造』（人文書院、一九九五）のなかで、病の表象を読み解きながら身体の問題に触れたことはあるが、それは著作全体の一章を占めるにすぎない。身体という宏大なテーマを個別的に論じるということは、それまでまったく考慮の外であった。

しかし、それが興味をそそる魅力的なテーマであることはたしかであった。身体は医学、生物学、倫理学、哲学、社会学、歴史学、人類学などさまざまな学問分野で論じられてきたし、今も論じられているテーマであることは言うまでもない。おもにフランスの文学・文化史を研究する自分がその身体についての著作を頼まれるのは、とてもありがたい申し出だという気がした。私は身のほど知らずの野心は持ち合わせていないが、学者の端くれとして、自分のよく知らない領域に乗り出してみたいという好奇心はいくらかある。そこで、自分の守備範囲である近代ヨーロッパ（とりわけフランス）を中心にして身体の表象を分析する、という限定つきで申し出を引き受けた。原稿の締め切りをはっきりと提示されなかったのでいくらか気が楽だったし、それに私は勤務先の大学より一年間の海外研修をもらい、四月初めからパリで暮らすことが決まっていた。パリにいれば、執筆のために必要な文献はすべて読むことができるだろう……。

パリに居を構えた後も、取り急ぎ片づけなければならない仕事などがあり、すぐに身体論の準備にとりかかることはできなかった。しかもパリは、私がかつて三年半におよぶ留学生活を送った曽遊の地であり、友人、知人も少なくない。離日前の慌ただしさから解放されて少しのんびりしたかったし、何よりも、久しぶりにパリで生活することが快楽であった。パリは観光客にとって美しく、生活する者にとって魅力的な町である。

身体論のために本格的な準備作業を始めたのは、パリの街並みに初夏の光が感じられるようになった頃だったろうか。幸いなことに、私の住居はパリ第二区、エティエンヌ・マルセル通りにあり、リシュリュー通りの（旧）国立図書館とは目と鼻の距離であった。すでにセーヌ右岸のトルビアック地区には巨大で近代的な、そしてけっして美しくはない新国立図書館が完成していたが、私が読みたい文献はまだすべてリシュリュー通りのほうに保管されていたのである。それと同時に、かつて外国人寄宿生として一年間暮らしたパリ高等師範学校の、すばらしい図書館も利用できた。どちらも建物や職員は、私が学生だった頃とほとんど変わっていない。変わったことと言えば、国立図書館でもパリ高等師範学校の図書館でも、今や小型パソコンを使って仕事するひとが増えたということぐらいである。こうして図書館通いの日々が続くことになった。そのかたわら大学のセミナーやシンポジウムなどもときどき聞いていたから、海外で暮らす日本人の大学教師の多くがそうであるように、私も講義と雑用から解放されて、久しぶりに〈学生生活〉を送ることになった。本書はその〈学生生活〉から生まれたものである。

本書のねらいと意図については「序論」のなかで述べたので、ここではあえて繰りかえさない。対象を近代フランスに限定しても、身体をめぐる文化史的なトポスは数多く考えられよう。じつを言えば、パリ滞在中に「身体と感覚」をめぐってすでに三章を書き上げていたのだが、この著作には収めていない。書き進めていくにつれて、医学・生理学書、文学作品、美容術の本、礼儀作法書などが、いずれも女性の身体をめぐってきわめて一貫したディスクールを綴っていることに気づき、今回はその主題にしぼったからである。病、ヒステリー、欲望のまなざしにさらされること、美の表象、身振りや衣服、礼儀作法、これらはけっして女性に固有の現象ではないが、少なくとも近代フランスにあっては、とりわけ女性の身体と関係づけられた現象だった。

身体論との関わりで、パリの国立図書館では、十九世紀から二十世紀初頭にかけて出版された医学書、生物学書、礼儀作法書、遺伝に関する著作、生殖とセクシュアリティをめぐる書物などを、時間の許すかぎり渉猟した。そのかなりの部分は、今日マイクロフィルムやマイクロフィッシュのかたちでしか読むことができない。著者たちはしばしば無名の人々であり、彼らの著作を繙く読者は多くない。しかし、かねてより近代フランスの社会と文化全般に興味をいだいてきた私にとって、それはさまざまな発見と驚きにみちた、刺激的な読書体験となった。もちろん、そのときに得た知見や発見を本書のなかにすべて取り込んだわけではない。「感覚」の問題も含めて、身体にまつわる他のトポスに関しては、本書と同じような方法論に依拠して、いずれ折をみて新たにまとめあげたいと思う。一年間の海外研修がなければ、この本を書き上げることはできなかっただろう。快くフランスに送り出してくれた勤務先の同僚諸氏に感謝したい。

　そして、このようなテーマで一書を草する機会をあたえてくださった法藏館の中嶋廣さんと瀧川紀さん、どうもありがとうございました。お二人のおかげで、私は思いがけない知の冒険に乗り出すことになった。今となっては、その冒険が無謀でなかったことを願うばかりである。

一九九九年二月　　小倉孝誠

文庫新版によせて

私がこれまで書いた本のなかで、本書は比較的よく読まれている本だと思う。ここで論じられているテーマをめぐって大学の講義やカルチャーセンターで話したこともあり、テーマの性質上、とりわけ女子学生や女性の受講生が関心をいだいてくれた。内容は十九、二十世紀、つまりかなり昔のフランスの話なのだが、現代の日本人が読んでも身近に感じることが多いのかもしれない。

二〇〇六年に文庫の初版が刊行されるに際しては、中央公論新社の登張正史さんにいろいろな面でお世話になった。文庫化は私にとってうれしい驚きだった。今回の再版にあたっては、二十一世紀に入ってからのジェンダー研究の状況を踏まえて「補章」を加え、表現をいくらか改めた。この分野は進展が著しいので、アップデートが必要だと考えた次第である。また参考文献については、その後に出た新版、文庫版などの書誌情報を補い、あらたに若干の文献を追加した。細やかな配慮をしてくださった編集部の橋爪史芳さんに、この場を借りて深く感謝する次第である。

二〇二四年四月

小倉孝誠

Dominique Picard, *Les Rituels du savoir-vivre*, Seuil, 1995.

Jacques Revel, 《Les Usages de la civilité》, *Histoire de la vie privée*, Seuil, t. Ⅲ, 1986.

Romantisme, n96, 《Le Nouveau Savoir-vivre》, 1997.

Theodore Zeldin, *Histoire des passions françaises*, Seuil, t. Ⅲ《Goût et corruption》, 1980.

補　章（本書の内容と関連する範囲で、部分的なものを含めてフランスの文化、歴史、文学を論じた日本語の近年の著作を追加する）

小倉孝誠『身体の文化史――病・官能・感覚』（中央公論新社、2006年）

小倉孝誠『逸脱の文化史――近代の〈女らしさ〉と〈男らしさ〉』（慶應義塾大学出版会、2019年）

特集「「男性学」の現在――〈男〉というジェンダーのゆくえ」（『現代思想』2019年2月号）

コルバン／ヴィガレロ／クルティーヌ監修『身体の歴史』全3巻（小倉孝誠・鷲見洋一・岑村傑監訳、藤原書店、2010年）

コルバン／ヴィガレロ／クルティーヌ監修『男らしさの歴史』全3巻（小倉孝誠・鷲見洋一・岑村傑監訳、藤原書店、2016-17年）

イヴァン・ジャブロンカ『マチズモの人類史――家父長制から「新しい男性性」へ』（村上良太訳、明石書店、2024年）

髙岡尚子『摩擦する「母」と「女」の物語――フランス近代小説にみる「女」と「男らしさ」のセクシュアリティ』（晃洋書房、2014年）

ピエール・ブルデュー『男性支配』（坂本浩也・坂本さやか訳、藤原書店、2017年）

ジルヴィア・ボーヴェンシェン『イメージとしての女性――文化史および文学史における「女性的なるもの」の呈示形式』（渡邉洋子・田邊玲子訳、法政大学出版局、2014年）

ミシェル・ペロー『歴史の沈黙――語られなかった女たちの記録』（持田明子訳、藤原書店、2003年）

村田京子『イメージで読み解くフランス文学――近代小説とジェンダー』（水声社、2019年）

ジョージ・L・モッセ『男のイメージ――男らしさの創造と近代社会』（細谷実・小玉亮子・海妻径子訳、中公文庫、2024年）

弓削尚子『はじめての西洋ジェンダー史』（山川出版社、2021年）

Madame Celnart, *Manuel complet de la bonne compagnie ou guide de la politesse et de la bienséance*, Roret, 1863.

Comtesse Dash, *Comment on fait son chemin dans le monde*, M. Lévy, 1868.

R. Lindon, *Guide du nouveau savoir-vivre*, Albin Michel, 1971.

Alfred de Meilheurat, *Manuel de savoir-vivre ou l'art de se conduire selon les convenances et les usages du monde*, Desloge, 1852.

Baronne d'Orval, *Usages mondains, guide du savoir-vivre moderne dans toutes les circonstances de la vie*, V. Havard, 3e édition, 1901.

Nathalie Pacout, *Le Savoir-vivre aujourd'hui*, Marabout, 1988.

Nadine de Rothschild, *Le Bonheur de séduire, l'art de réussir. Savoir-vivre aujourd'hui*, Presses Pocket, 1992.

A. Royer, *Le Savoir-vivre d'aujourd'hui*, Larousse, 1981.

Baronne Staffe, *Usages du monde. Règles du savoir-vivre dans la société moderne*, V. Havard, 1889.

［礼儀作法および礼儀作法書に関する研究文献］

ノルベルト・エリアス『文明化の過程（上）』（前掲書）

アーヴィング・ゴッフマン『行為と演技――日常生活における自己呈示』（石黒毅訳、誠信書房、1974年）

ロジェ・シャルチエ『読書と読者――アンシャン・レジーム期フランスにおける』、第二章「差異の創出と文化モデルの普及――礼儀作法と礼儀作法書」（長谷川輝夫・宮下志朗訳、みすず書房、1994年）

春山行夫『エチケットの文化史』（平凡社、1988年）

Pierre Bourdieu, *La Distinction. Critique sociale du jugement*, Editions de Minuit, 1979.（邦訳：ピエール・ブルデュー『ディスタンクシオン――社会的判断力批判』〈石井洋二郎訳、藤原書店、1990年／普及版2020年〉）

Michel Lacroix, *De la politesse, essai sur la littérature du savoir-vivre*, Julliard, 1990.

Alain Montandon（sous la direction de）, *Dictionnaire raisonné de la politesse et du savoir-vivre du Moyen Âge à nos jours*, Seuil, 1995.

Alain Montandon, *Politesse et savoir-vivre*, Anthropos, 1997.

Dominique Picard, *Du code au désir. Le Corps dans la relation sociale*, Dunod, 1983.

Balzac, *Théorie de la démarche, La Comédie humaine*, Gallimard,《Pléiade》, t. 12, 1981.（邦訳：バルザック『歩き方の理論』、『風俗研究』所収〈山田登世子訳、藤原書店、1992年〉）

Charles Baudelaire, *Le Peintre de la vie moderne, Œuvres complètes*, Gallimard,《Pléiade》, t. 2, 1976.

Jean Baudrillard, *Le Système des objets*, P.U.F., 1968.（邦訳：ジャン・ボードリヤール『物の体系――記号の消費』〈宇波彰訳、法政大学出版局、1984年／新装版2008年〉）

Rose Fortassier, *Les Écrivains français et la mode, de Balzac à nos jours*, P.U.F., 1988.

Marcel Mauss,《Les Techniques du corps》(1936), *Sociologie et anthropologie*, P.U.F., 1985.（邦訳：マルセル・モース『社会学と人類学Ｉ』〈有地亨ほか訳、弘文堂、1973年〉）

Lola Montès, *L'Art de la beauté chez la femme, secrets de toilette des dames*, Chez tous les libraires, 1862.

Philippe Perrot, *Les Dessus et les dessous de la bourgeoisie. Une histoire des vêtements au XIXe siècle*, Editions Complexe, 1984.（邦訳：フィリップ・ペロー『衣服のアルケオロジー』〈大矢タカヤス訳、文化出版局、1985年／ちくま学芸文庫、2022年〉）

Philippe Perrot, *Le Travail des apparences : le corps féminin XVIIIe-XIXe siècle*, Seuil, 1991.

Baronne Staffe, *Le Cabinet de toilette*, V. Havard, 1891.

Baronne Staffe, *Mes secrets pour plaire et être aimée*, V. Havard, 1896.

Comtesse de Tramar, *Que veut la femme? Etre jolie, être aimée et dominer*, Malet, 1911.

Octave Uzanne, *L'Art et les artifices de la beauté*, Félix Juvers, 1902.

Octave Uzanne, *La Femme à Paris*, May et Motteroz, 1894.

第5章　飼いならされる身体

［19、20世紀フランスの礼儀作法書］

Pierre Boitard, *Manuel-physiologie de la bonne compagnie, du bon ton et de la politesse*, Passard, 1862.

Eugène Chapus, *Manuel de l'homme et de la femme comme-il-faut*, A. Bourdilliat, 1861.

房、1998年）

Balzac, *Le Lys dans la vallée, La Comédie humaine*, 《Pléiade》, t. IX, 1978.（邦訳：バルザック『谷間の百合』〈石井晴一訳、新潮文庫、1973年〉）

M.-E. Cavé, *Beauté physique de la femme*, P. Deloup, 1868.

A. Debay, *Hygiène générale de la beauté humaine, spécialement chez la femme, de son perfectionnement, de sa conservation et des moyens de prévenir ou de combattre sa dégradation*, Moquet, 1851.

Catherine Fouquet et Yvonne Knibiehler, *La Beauté, pour quoi faire? Essai sur l'histoire de la beauté féminine*, Temps actuels, 1982.

Philippe Hamon, *Introduction à l'analyse du descriptif*, Hachette, 1981.

G. Leroy et Muguette Vivian, *Histoire de la beauté féminine à travers les âges*, Acropole, 1989.

Paul Marrin, *La Beauté chez l'homme et la femme, les moyens de l'acquérir et de l'augmenter*, E. Kolb, 1891.

Charles-François Menville, *Histoire médicale et philosophique de la femme*, Amyot, 3vol., 1845.

Dominique Paquet, *Miroir, mon beau miroir. Une histoire de la beauté*, Gallimard, 《Découverte》, 1997.

Jean Rousset, *Leurs yeux se rencontrèrent. La scène de première vue dans le roman*, José Corti, 1981.

Ⅱ　身体の規範化

第4章　表層の形成

ソースティン・ヴェブレン『有閑階級の理論』（1889）（高哲男訳、ちくま学芸文庫、1998年）

北山晴一『おしゃれの社会史』（朝日新聞社、1991年）

北山晴一『官能論――人はなぜ美しさにこだわるのか』（講談社、1994年）

ホイジンガ『ホモ・ルーデンス』（高橋英夫訳、中公文庫、1973年）

三浦雅士『身体の零度――何が近代を成立させたか』（講談社、1994年）

鷲田清一『最後のモード』（人文書院、1993年）

鷲田清一『モードの迷宮』（ちくま学芸文庫、1996年）

Odile Arnold, *Le Corps et l'âme. La vie des religieuses au XIXe siècle*, Seuil, 1984.

Jean Borie, *Le Tyran timide. Le naturalisme de la femme au XIXe siècle*, Klincksieck, 1973.

Jean-Louis Cabanès, *Le Corps et la maladie dans les récits réalistes* (*1856-1893*), Klincksieck, 1991.

Lucette Czyba, *Mythes et idéologie de la femme dans les romans de Flaubert*, P.U. de Lyon, 1983.

Gustave Flaubert, *Madame Bovary*, Garnier, 1971.（邦訳：フローベール『ボヴァリー夫人』〈伊吹武彦訳、岩波文庫〉）

Gustave Flaubert, *L'Éducation sentimentale*, Garnier, 1984.（邦訳：フローベール『感情教育』〈生島遼一訳、岩波文庫〉）

Roger Kempf, *Sur le corps romanesque*, Seuil, 1968.

Stephen Kern, *Eyes of Love. The Gaze in English and French Paintings and Novels 1840-1900*, London, Reaktion Books, 1996.

Jean-Pierre Richard, *Études sur le romantisme*, Seuil, 1970.

Romantisme, n13-14, 《Mythes et représentations de la femme》, 1976.

Serge Zeyons, *La Femme en 1900. Les années 1900 par la carte postale*, Larousse, 1994.

Émile Zola, *Nana, Les Rougon-Macquart*, Gallimard, 《Pléiade》, t. 2, 1983.（邦訳：ゾラ『ナナ』〈古賀照一・川口篤訳、新潮社、1959年／新潮文庫、2006年〉）

第3章　美の表象とレトリック

エーリッヒ・アウエルバッハ『ミメーシス――ヨーロッパ文学における現実描写』（篠田一士・川村二郎訳、筑摩書房、1967年／ちくま学芸文庫、1994年）

井上章一『美人論』（リブロポート、1991年／朝日文庫、2017年）

『麗しの女性たち展』カタログ（大丸ミュージアム、アートライフ、1994年）

岡田温司『ルネサンスの美人論』（人文書院、1997年）

ケネス・クラーク『フェミニン・ビューティ―芸術における女性美』（高階秀爾訳、メルヘン社、1987年）

フランセット・パクトー『美人』（浜名恵美訳、研究社、1996年）

長谷川時雨『新編 近代美人伝』（杉本苑子編、岩波文庫、1985年）

スーザン・ブラウンミラー『女らしさ』（幾島幸子・青島淳子訳、勁草書

Thérèse Moreau, *Le Sang de l'histoire. Michelet, l'histoire et l'idée de la femme au XIXe siècle*, Flammarion, 1982.

Moreau de la Sarthe, *Histoire naturelle de la femme*, L. Duprat, 3vol., 1803.

Claude Pasteur, *Les Femmes et les médecins*, Zulma, 1997.

Michelle Perrot, *Femmes publiques*, Textuel, 1997.

Jean Starobinski, 《Sur la chlorose》, *Romantisme*, n31, 1981.

Comtesse de Tramar, *Le Bréviaire de la femme. Pratiques secrètes de la beauté*, V. Havard, 1903.

Alfred de Vigny, 《La Colère de Samson》, *Les Destinées*, Gallimard, 1973.

Emile Zola, *La Curée, Les Rougon-Macquart*, Gallimard, 《Pléiade》, t. 1, 1960.

第2章　見つめられる女たち

『岩波講座現代社会学 11　ジェンダーの社会学』（岩波書店、1995 年）

江原由美子『装置としての性支配』（勁草書房、1995 年）

スティーヴン・カーン『愛の文化史――ヴィクトリア朝から現代へ』全2巻（斎藤九一・青木健訳、法政大学出版局、1998 年）

工藤庸子『恋愛小説のレトリック――「ボヴァリー夫人」を読む』（東京大学出版会、1998 年）

工藤庸子『小説というオブリガート』（東京大学出版会、1996 年）

コレット『シェリ』（工藤庸子訳、岩波文庫、1994 年）

リチャード・セネット『公共性の喪失』（北山克彦・高階悟訳、晶文社、1991 年）

高階秀爾『想像力と幻想――西欧十九世紀の文学・芸術』（青土社、1994 年）

高山宏『テクスト世紀末』（ポーラ文化研究所、1992 年）

谷川渥『文学の皮膚――ホモ・エステティクス』（白水社、1996 年）

ヴェルナー・ホーフマン『ナナ――マネ・女・欲望の時代』（水沢勉訳、PARCO出版局、1991 年）

山田登世子『リゾート世紀末――水の記憶の旅』（筑摩書房、1998 年）

養老孟司『身体の文学史』（新潮社、1997 年／新潮選書、2010 年）

Charles Baudelaire, *Le Spleen de Paris, Œuvres complétes*, 《Pléiade》, t. 1, 1975.（邦訳：ボードレール『パリの憂鬱』〈阿部良雄訳、筑摩書房、1987 年〉）

Chantal Bertrand-Jennings, *L'Eros et la femme chez Zola*, Klincksieck, 1977.

Jean Borie, *Mythologies de l'hérédité au XIXe siècle*, Galilée, 1981.

ジャン＝ジャック・ルソー『エミール』（今野一雄訳、岩波文庫、1964年）
Marie Bashkirtseff, *Journal*, Fasquelle, t. I, 1887.
Janet Beizer, *Ventriloquized Bodies. Narratives of Hysteria in Nineteenth-Century France*, Cornell University Press, 1994.
Gaston Cerfberr/V. Ramin, *Dictionnaire de la femme, encyclopédie-manuel des connaissances utiles à la femme*, Didot, 1899.
Pierre Darmon, *Mythologie de la femme dans l'ancienne France : XVIe-XVIIIe siècle*, Seuil, 1983.
J. Decottignies, *Physiologie et mythologie du féminin*, Presses universitaires de Lille, 1989.
Dictionnaire des sciences médicales, Panckoucke, 60vol., 1812-1822（t. 14, 1815）.
Dictionnaire encyclopédique des sciences médicales, Dechambre, 100vol, 1864-89（t. 16, 1874）.
Georges Didi-Hubermann, *L'Invention de l'hystérie*, Macula, 1982.（邦訳：ディディ＝ユベルマン『アウラ・ヒステリカ』〈谷川多佳子・和田ゆりえ訳、リブロポート、1990年〉
Mireille Dottin-Orsini, *Cette femme qu'ils disent fatale. Textes et images de la misogynie fin-de-siécle*, Grasset, 1993.
Edmond et Jules de Goncourt, *Madame Gervaisais*, 《Folio》, 1982.
Joris-Karl Huysmans, *En Rade*, 《Folio》, 1984.
Joris-Karl Huysmans, *Là-bas*, G. Crès, 1930.（邦訳：ユイスマンス『彼方』〈田辺貞之助訳、創元推理文庫、1975年〉）
Yvonne Knibiehler, *La Femme et les médecins*, Hachette, 1983.
Jacques Léonard, *La France médicale : médecins et malades au XIXe siècle*, Gallimard/Julliard, 1978.
Annelise Maugue, *L'Identité masculine en crise au tournant du siècle, 1871-1914*, Rivages, 1987.
Guy de Maupassant, *Chroniques*, 3vol., 10/18, 1980.
Jules Michelet, *L'Amour, Œuvres complètes*, Flammarion, t. 18, 1985.（邦訳：ミシュレ『愛』〈森井真訳、中公文庫、1981年／改版2007年〉）
Jules Michelet, *La Femme, Ibid.*（邦訳：ミシュレ『女』〈大野一道訳、藤原書店、1991年〉）
Octave Mirbeau, *Le Jardin des supplices*, Les Editions Nationales, 1935.

上野千鶴子『女という快楽』（勁草書房、1986年／新装版2006年）
上野千鶴子『性愛論』（河出書房新社、1991年／河出文庫、1996年）
B・エーレンライク／D・イングリシュ『魔女・産婆・看護婦——女性医療家の歴史』（長瀬久子訳、法政大学出版局、1996年／増補改訂版2015年）
荻野美穂「女の解剖学」（『制度としての〈女〉——性・産・家族の比較社会史』〈平凡社、1990年〉）
小倉孝誠『19世紀フランス　夢と創造』（人文書院、1995年）
小倉孝誠『19世紀フランス　愛・恐怖・群衆』（人文書院、1997年）
シェルトーク／ソシュール『精神分析学の誕生——メスメルからフロイトへ』（長井真理訳、岩波書店、1987年）
アンソニー・シノット『ボディ・ソシアル——身体と感覚の社会学』（高橋勇夫訳、筑摩書房、1997年）
エドワード・ショーター『女の体の歴史』（池上千寿子・太田英樹訳、勁草書房、1992年）
Bram Dijkstra, *Les Idoles de la perversité. Figures de la femme fatale dans la culture fin de siècle*, Seuil, 1992（原著の仏訳）（邦訳：ブラム・ダイクストラ『倒錯の偶像——世紀末幻想としての女性悪』〈富士川義之ほか訳、パピルス、1994年〉）
バーバラ・ドゥーデン『女の皮膚の下——十八世紀のある医師とその患者たち』（井上茂子訳、藤原書店、1994年／新装版新版2001年）
エティエンヌ・トリヤ『ヒステリーの歴史』（安田一郎／横倉れい訳、青土社、1998年）
エリザベート・バダンテール『XY——男とは何か』（上村くに子・饗庭千代子訳、筑摩書房、1997年）
マリオ・プラーツ『肉体と死と悪魔——ロマンティック・アゴニー』（倉智恒夫ほか訳、国書刊行会、1986年／新装版2000年）
吉田城『神経症者のいる文学——バルザックからプルーストまで』（名古屋大学出版会、1996年）
トマス・ラカー『セックスの発明——性差の観念史と解剖学のアポリア』（高井宏子・細谷博訳、工作舎、1998年）。仏訳はThomas Laqueur, *La Fabrique du sexe : Essai sur le corps et le genre en Occident*, Gallimard, 1992.
シンシア・イーグル・ラセット『女性を捏造した男たち——ヴィクトリア朝時代の性差の科学』（上野直子訳、工作舎、1994年）

書房、1979 年)
フェーヴル/デュビィ/コルバン『感性の歴史』(小倉孝誠・大久保康明・坂口哲啓訳、藤原書店、1997 年)
養老孟司『日本人の身体観の歴史』(法藏館、1996 年/法蔵館文庫、2022 年)

Bernard Andrieu, *Histoire du corps au XXe siècle*, Harmattan, 1993.
Philippe Ariès/Georges Duby (sous la direction de), *Histoire de la vie privée*, Seuil, t. 3-5, 1986-1987.
Alain Corbin, *Le Temps, le désir et l'horreur*, Aubier, 1991.(邦訳:アラン・コルバン『時間・欲望・恐怖』〈小倉孝誠・野村正人・小倉和子訳、藤原書店、1993 年〉)
Georges Duby/Michelle Perrot (sous la direction de), *Histoire des femmes*, Plon, t. 4 et 5, 1991.(邦訳:デュビィ/ペロー監修『女の歴史』〈杉村和子・志賀亮一監訳、藤原書店、1996-98 年〉)
David Le Breton, *Anthropologie du corps et modernité*, P.U.F., 3e édition, 1995.
Jacques Léonard, *Archives du corps : la santé au XIXe siècle*, Rennes, Ouest-France, 1986.
Jean-Pierre Peter et Jacques Revel, 《Le corps : l'homme malade et son histoire》, dans Jacques Le Goff et Pierre Nora (sous la direction de), *Faire de l'histoire*, t. 3, 《Nouveaux objets》, Seuil, 1974.
André Rauch, 《Le Corps : objet et territoires actuels de l'histoire (1972-1985)》, *Ethnologie française*, t. 16, 1986, n4.
Jean Starobinski, 《Brève histoire de la conscience du corps》, *Revue française de psychanalyse*, 1981, n2.
Georges Vigarello, *Le Corps redressé*, J.-P. Delarge, 1978.
Georges Vigarello, *Le Sain et le malsain. Santé et mieux-être depuis le Moyen Âge*, Seuil, 1993.

I　語られる身体

第 1 章　女・医学・病

オットー・ヴァイニンガー『性と性格』(竹内章訳、村松書館、1990 年)。仏訳は Otto Weininger, *Sexe et caractère*, l'Age d'homme, 1975.

参考文献一覧

序　論（および本書全体の構想に関して参照した文献）

池上俊一『歴史としての身体――ヨーロッパ中世の深層を読む』（柏書房、1992年／ちくま学芸文庫、2001年〔『身体の歴史』に改題〕）

石井洋二郎『身体小説論』（藤原書店、1998年）

市川浩『精神としての身体』（講談社学術文庫、1992年）

井上俊・上野千鶴子ほか（編集）『岩波講座現代社会学4　身体と間身体の社会学』（岩波書店、1996年）

ドリンダ・ウートラム『フランス革命と身体――性差・階級・政治文化』（高木勇夫訳、平凡社、1993年）

ノルベルト・エリアス『文明化の過程』全2巻（赤井慧爾ほか訳、法政大学出版局、1977-78年／改装版2010年）

ノルベルト・エリアス『宮廷社会』（波田節夫ほか訳、法政大学出版局、1981年）

大澤真幸『身体の比較社会学』全2巻（勁草書房、1990-92年）

樺山紘一『歴史のなかのからだ』（筑摩書房、1987年／岩波現代文庫、2008年）

川村邦光『オトメの祈り――近代女性イメージの誕生』（紀伊國屋書店、1993年）

スティーヴン・カーン『肉体の文化史』（喜多迅鷹・喜多元子訳、法政大学出版局、1989年／新装版1997年）

ジョーン・W・スコット『ジェンダーと歴史学』（荻野美穂訳、平凡社、1992年／平凡社ライブラリー〈30周年版〉、2022年）

野村雅一『しぐさの世界――身体表現の民族学』（NHKブックス、1983年）

ピーター・バーク編『ニュー・ヒストリーの現在』（谷川稔ほか訳、人文書院、1996年）

橋爪大三郎『身体論』（勁草書房、1993年）

ミシェル・フーコー『監獄の誕生』（田村俶訳、新潮社、1977年／新装版2020年）

セイモア・フィッシャー『からだの意識』（村山久美子・小松啓訳、誠信

＊18　Madame Celnart, *Manuel complet de la bonne compagnie ou guide de la politesse et de la bienséance*, Roret, 1863, p.56.

＊19　Baronne Staffe, *op.cit.*, p.110.

＊20　Baronne d'Orval, *Usages mondains, guide du savoir-vivre moderne dans toutes les circonstances de la vie*, V.Havard, 3e édition, 1901, p.126.

＊21　Baronne Staffe, *op.cit.*, p.123.

＊22　Baronne d'Orval, *op.cit.*, p.125.

＊23　犯罪と身体の問題については、小倉孝誠『19世紀フランス　光と闇の空間』（人文書院、1996年）第三章「警察機構と犯罪捜査」を参照願いたい。

＊24　Baronne d'Orval, *op.cit.*, p.294.

＊25　Nadine de Rothschild, *op.cit.*, p.16.

＊26　アーヴィング・ゴッフマン『行為と演技――日常生活における自己呈示』（石黒毅訳、誠信書房、1974年）。

＊27　Pierre Bourdieu, *La Distinction. Critique sociale du jugement,* Éditions de Minuit, 1979, p.552. 訳文はピエール・ブルデュー『ディスタンクシオンⅡ』（石井洋二郎訳、藤原書店、1990年）348ページによる。

＊28　Baronne d'Orval, *op.cit.*, p.295.

＊29　Nathalie Pacout, *Le Savoir-vivre aujourd'hui*, Marabout, 1988, p.9.

政大学出版局、1977年）第二部第四－八章。エリアスの文明化の理論に異議申し立てをしたのは、ハンス・ペーター・デュルである。『裸体とはじらいの文化史』（藤代幸一・三谷尚子訳、法政大学出版局、1991年）。同じく『秘めごとの文化史』（藤代幸一・津山拓也訳、法政大学出版局、1994年）を参照のこと。なお、古今東西の作法書を概観したものとして、春山行夫『エチケットの文化史』（平凡社、1988年）がある。

＊2　ノルベルト・エリアス『文明化の過程（上）』、212ページ。なおエラスムスの『子供の礼儀作法について』に関しては、次のフランス語訳も参照した。Erasme, *La Civilité puérile*, dans *De l'éducation des enfants*, Annexe I, Klincksieck, 1990.

＊3　前掲書（前註2）274ページ。

＊4　前掲書（前註2）297ページ。

＊5　前掲書（前註2）311-312ページ。

＊6　前掲書（前註2）324ページ。

＊7　「差異の創出と文化モデルの普及――礼儀作法と礼儀作法書」（ロジェ・シャルチエ『読書と読者――アンシャン・レジーム期における』〈長谷川輝夫・宮下志朗訳、みすず書房、1994年〉第二章）64ページ以下。

＊8　Cité par Jacques Revel, 《Les Usages de la civilité》 dans *Histoire de la vie privée*, Seuil, t.3, 1986, p.190.

＊9　ロジェ・シャルチエ、前掲書（前註7）69ページ以下。

＊10　Alain Montandon, *Politesse et savoir-vivre*, Anthropos, 1997, p.29.

＊11　Theodore Zeldin, *Histoire des passions françaises*, t.III 《Goût et corruption》, Seuil, 1980, p.361.

＊12　Baronne Staffe, *Usages du monde. Règles du savoir-vivre dans la société moderne*, V.Havard, 1889, p.XI.

＊13　Cité par Alain Montandon, *op.cit.*, p.28.

＊14　Eugène Chapus, *Manuel de l'homme et de la femme comme-il-faut*, A.Bourdilliat, 1861, p.135.

＊15　Comtesse Dash, *Comment on fait son chemin dans le monde*, M.Lévy, 1868, p.5.

＊16　Nadine de Rothschild, *Le Bonheur de séduire, l'art de réussir. Savoir-vivre aujourd'hui*, Presses Pocket, 1992, p.11.

＊17　高橋書店編集部編『知りたいことがすぐわかるマナーＢＯＯＫ』（高橋書店、1997年）「はじめに」。

＊3　Le Père Rodriguez（1538-1616), *Traités de l'humilité, de la modestie et du silence*, cité par Arnold, *ibid.*, p.86.
＊4　M.-E.Cavé, *op.cit.*, p.102.
＊5　Balzac, *Théorie de la démarche,* dans *La Comédie humaine*, Gallimard, 《Pléiade》, t.12, 1981, p.284.（バルザック『歩き方の理論』、『風俗研究』〈山田登世子訳、藤原書店、1992年〉所収)。
＊6　A.Debay, *op.cit.*, pp.92-96.
＊7　Lola Montès, *L'Art de la beauté chez la femme, secrets de toilette des dames*, Chez tous les libraires, 1862, p.19.
＊8　Baronne Staffe, *Mes secrets pour plaire et être aimée*, V.Havard, 1896, p.53.
＊9　Comtesse de Tramar, *op.cit.*, pp.135-136.
＊10　*Ibid.*, pp.123-124, 140-143.
＊11　ホイジンガ『ホモ・ルーデンス』(高橋英夫訳、中公文庫、1973年) 392ページ。
＊12　Jean Baudrillard, *Le Système des objets*, P.U.F., 1968. pp.43-44.
＊13　文学における衣裳の機能については次を見よ。Rose Fortassier, *Les Ecrivains français et la mode, de Balzac à nos jours*, P.U.F., 1988.
＊14　Baudelaire, *Le Peintre de la vie moderne*, dans *Œuvres complètes*, Gallimard,《Pléiade》, t.2, 1976, p.716.
＊15　*Ibid.*, pp.716-717.
＊16　鷲田清一『モードの迷宮』(ちくま学芸文庫、1996年) 159-160ページ。
＊17　A. Debay, *Hygiène vestimentaire*, cité par Philippe Perrot, *Les Dessus et les dessous de la bourgeoisie*, Editions Complexe, 1984, p.273.
＊18　Pierre Boitard, *Manuel-physiologie de la bonne compagnie, du bon ton et de la politesse*, Passard, 1862, p.414.
＊19　Octave Uzanne, *L'Art et les artifices de la beauté*, Félix Juvers, 1902, pp.100-101.
＊20　Comtesse de Tramar, *op.cit.*, pp.177-178.
＊21　Philippe Perrot, *op.cit.*, p.245.

第5章　飼いならされる身体

＊1　ノルベルト・エリアス『文明化の過程（上)』(赤井慧爾ほか訳、法

Essai sur l'histoire de la beauté féminine, Temps actuels, 1982.

＊9　Moreau de la Sarthe, *Histoire naturelle de la femme*, 1803. Fouquet / Knibiehler, *op.cit.*, p.113 に引用されている一節。

＊10　長谷川時雨『近代美人伝（上）』（岩波文庫、1985 年）18 ページ。

＊11　松下曲水『恋と人』（1901 年）。井上章一『美人論』（リブロポート、1991 年）52 ページに引用されている。

＊12　岡田温司『ルネサンスの美人論』（人文書院、1997 年）58-73 ページを見よ。

＊13　Clément Marot, 《Blason du beau tétin》. 荒木昭太郎訳、『フランス文学講座 3　詩』（大修館書店、1979 年）79 ページ。

＊14　フランセット・パクトー『美人』（浜名恵美訳、研究社、1996 年）第三章。

＊15　A.Debay, *Hygiène générale de la beauté humaine, spécialement chez la femme, de son perfectionnement, de sa conservation et des moyens de prévenir ou de combattre sa dégradation*, Moquet, 1851, p.13.

＊16　*Ibid.*, p.22.

＊17　*Ibid.*, pp.49-51.

＊18　Dr.Paul Marrin, *La Beauté chez l'homme et la femme, les moyens de l'acquérir et de l'augmenter*, E.Kolb, 5e édition, 1891, p.10.

＊19　M.-E.Cavé, *Beauté physique de la femme*, P.Deloup, 1868.

＊20　*Ibid.*, p.11.

＊21　Geneviève Roux, *La femme et son corps*, Centurion, 1977, cité par Fouquet / Knibiehler, *op.cit.*, p.169.

＊22　スーザン・ブラウンミラー『女らしさ』（幾島幸子・青島淳子訳、勁草書房、1998 年）。

Ⅱ　身体の規範化

第 4 章　表層の形成

＊1　三浦雅士『身体の零度 ── 何が近代を成立させたか』（講談社、1994 年）第五、六章。

＊2　Odile Arnold, *Le Corps et l'âme. La vie des religieuses au XIXe siècle*, Seuil, 1984.

＊11　Marcel Proust, *À la recherche du temps perdu*, Gallimard,《Pléiade》, t.III, 1998, pp.578-579.

＊12　*Ibid.*, p.580.

＊13　工藤庸子『小説というオブリガート』（東京大学出版会、1996年）第Ⅲ部。

＊14　Gustave Flaubert, *Madame Bovary*, p.16.

＊15　*Ibid.*, p.17.

＊16　Roger Kempf,《La découverte du corps dans les romans de Flaubert》, in *Sur le corps romanesque, op.cit.*, pp.101-130.

＊17　Gustave Flaubert, *Madame Bovary*, p.23.

＊18　*Ibid.*, pp.132, 134.

＊19　*Ibid.*, p.242.

＊20　*Ibid.*, p.288.

＊21　コレット『シェリ』（工藤庸子訳、岩波文庫）8ページ。

＊22　加藤まどか「《きれいな体》の快楽――女性誌が編み上げる女性身体」（『岩波講座　現代社会学11　ジェンダーの社会学』〈岩波書店、1996年〉）。

第3章　美の表象とレトリック

＊1　文学における「描写」の問題については次を見よ。E・アウエルバッハ『ミメーシス――ヨーロッパ文学における現実描写』（篠田一士・川村二郎訳、筑摩書房、1967年）。Philippe Hamon, *Introduction à l'analyse du descriptif*, Hachette, 1981 ; Philippe Hamon, *La Description littéraire. Anthologie de textes théoriques et critiques*, Macula, 1991.

＊2　文学における出会いの場面については、次の古典的な著作が示唆に富む。Jean Rousset, *Leurs yeux se rencontrèrent. La scène de première vue dans le roman*, José Corti, 1981.

＊3　Gustave Flaubert, *L'Education sentimentale*, Garnier, 1984, pp.6-7.

＊4　Balzac, *Le Lys dans la vallée*, dans *La Comédie humaine*, Gallimard,《Pléiade》, t.IX, 1978, p.984.

＊5　*Ibid.*, p.984.

＊6　Flaubert, *Madame Bovary*, édition citée, p.167.

＊7　*Ibid.*, pp.199-200.

＊8　Catherine Fouquet et Yvonne Knibiehler, *La Beauté, pour quoi faire?*

＊2　高階秀爾『想像力と幻想——西欧十九世紀の文学・芸術』（青土社、1994年）268-271ページ。

＊3　Gustave Flaubert, *Madame Bovary*, Garnier, 1971, p.130. 以下『ボヴァリー夫人』のテクストはこの版による。なお訳文は伊吹武彦訳による。

＊4　*Ibid.*, p.55.

＊5　*Ibid.*, p.127.

＊6　Gustave Flaubert, *L'Education sentimentale*, Garnier, 1984, p.121. 訳文は生島遼一訳による。

＊7　*Ibid.*, pp.160-161.

＊8　Emile Zola, *Nana*, dans *Les Rougon-Macquart*, Gallimard, 《Pléiade》, t.2, 1983, p.1118.

＊9　*Ibid.*, p.1271.

＊10　本章ではフランス文学を素材にして、見つめられる女の身体の表象を論じているが、文学において一般に身体がどのように表象され、語られているかというのはきわめて宏大で、かつ興味深い主題である。日本文学を対象とした最近の研究としては、次のような著作がある。谷川渥『文学の皮膚』（白水社、1996年）、養老孟司『身体の文学史』（新潮社、1997年）、石井洋一郎『身体小説論』（藤原書店、1998年）。

フランス文学の領域でも、この主題に関しては少なからぬ書物がある。先駆的な研究としては Roger Kempf, *Sur le corps romanesque*, Seuil, 1968. 特に19世紀文学をあつかったものとしては Jean-Pierre Richard, *Etudes sur le romantisme*, Seuil, 1970 ; Jean Borie, *Mythologies de l'hérédité au XIXe siècle*, Galilée, 1981 ; Jean-Louis Cabanès, *Le Corps et la maladie dans les récits réalistes*（*1856-1893*）, Klincksieck, 1991.

19世紀の幾人かの作家にあって、身体のテーマは決定的に重要である。バルザックについては Bernard Vannier, *L'Inscription du corps. Pour une sémiotique du portrait balzacien*, Klincksieck, 1972. フローベールについては Pierre Danger, *Sensations et objets dans le roman de Flaubert*, Armand Colin, 1973 ; Lucette Czyba, *Mythes et idéologie de la femme dans les romans de Flaubert*, P.U.de Lyon, 1983 ; および工藤庸子、前掲書（前註1）。そしてゾラについては Jean Borie, *Le Tyran timide. Le naturalisme de la femme au XIXe siècle*, Klincksieck, 1973 ; Chantal Bertrand-Jennings, *L'Eros et la femme chez Zola. De la Chute au paradis retrouvé*, Klincksieck, 1977 ; Sylvie Collot, *Les Lieux du désir. Topologie amoureuse de Zola*, Hachette, 1992.

＊22　Cf. Jean Starobinski, 《Sur la chlorose》, *Romantisme*, n°31, 1981.

＊23　*Dictionnaire encyclopédique des sciences médicales*, Dechambre, t.16, 1874, 《chlorose》, p.713.

＊24　Emile Zola, *La Curée*, dans *Les Rougon-Macquart*, Gallimard, 《Pléiade》, t.1, 1960, pp.364, 365, 371.

＊25　*Ibid.*, p.378.

＊26　*Dictionnaire encyclopédique des sciences médicales, op.cit.*, t.16, p.715.

＊27　ヒステリーと、それが女の病として構築されていくプロセスについては次の著作を参照のこと。シェルトーク／ソシュール『精神分析学の誕生――メスメルからフロイトへ』（長井真理訳、岩波書店、1987年）第二章。吉田城『神経症者のいる文学――バルザックからプルーストまで』（名古屋大学出版会、1996年）序論。エティエンヌ・トリヤ『ヒステリーの歴史』（安田一郎／横倉れい訳、青土社、1998年）。さらに、Alain Corbin, 《Coulisses》, *Histoire de la vie privée*, Seuil, t.4, 1987, pp.572-579.

＊28　吉田城『神経症者のいる文学――バルザックからプルーストまで』（前註27）は、ヒステリーだけを対象にしたものではないが、それを含む広義の神経症が文学においてどのように形象されているかを分析した著作。19世紀フランスの諸作家、およびプルーストの作品のなかに、神経症のさまざまなかたちを読み解いている。また19世紀フランス文学とヒステリーに関しては、次を参照せよ。Janet Beizer, *Ventriloquized Bodies. Narratives of Hysteria in Nineteenth-Century France*, Cornell University Press, 1994.

＊29　Guy de Maupassant, *Chroniques*, t.2, 10/18, 1980. p.112.

＊30　Huysmans, *En Rade*, 《Folio》, 1984, pp.117, 119.

＊31　Huysmans, *Là-bas*, G.Crès, t.1, 1930, p.234. なお訳文は田辺貞之助訳による。

＊32　*Ibid.*, t.2, 1930, pp.167, 168.

＊33　Octave Mirbeau, *Le Jardin des supplices*, Les Editions Nationales, 1935, pp.236-237.

第2章　見つめられる女たち

＊1　工藤庸子『恋愛小説のレトリック――「ボヴァリー夫人」を読む』（東京大学出版会、1998年）147-148ページ。

＊10　Thomas Laqueur, *Making Sex, Body and Gender from the Greeks to Freud*, Harvard University Press, 1990. 筆者が参照したのは次の仏訳である。Thomas Laqueur, *La Fabrique du sexe: Essai sur le corps et le genre en Occident*, Gallimard, 1992.（邦訳：トマス・ラカー『セックスの発明――性差の観念史と解剖学のアポリア』〈高井宏子・細谷博訳、工作舎、1998年〉）。男女の解剖学的、生理学的な差異が本質的なものと見なされていなかったという点については、次の著作も参照のこと。バーバラ・ドゥーデン『女の皮膚の下――十八世紀のある医師とその患者たち』（井上茂子訳、藤原書店、1994年）154-162ページ。

＊11　荻野美穂「女の解剖学――近代的身体の成立」（『制度としての〈女〉――性・産・家族の比較社会史』〈平凡社、1990年所収〉）。

＊12　Jacques Léonard, *La France médicale : médecins et malades au XIX*^{e} *siècle,* Gallimard / Julliard, 1978, pp.243-250.

＊13　*Dictionnaire des sciences médicales*, Panckoucke, t.14, 1815,《Femme》, p.547.

＊14　*Ibid.*, p.546.

＊15　*Ibid.*, p.547.

＊16　*Ibid.*, p.548.

＊17　Jules Michelet, *L'Amour,* dans *Œuvres complètes*, Flammarion, t.18, 1985, p.172. 訳文は、ミシュレ『愛』（森井真訳、中公文庫、1981年）による。

＊18　Comtesse de Tramar, *Le Bréviaire de la femme. Pratiques secrètes de la beauté*, V.Havard, 1903, p.70.

＊19　B・エーレンライク／D・イングリシュ『魔女・産婆・看護婦――女性医療家の歴史』（長瀬久子訳、法政大学出版局、1996年）103-104ページ。

＊20　Marie Bashkirtseff, *Journal*, Fasquelle, t.I, 1887, p.169. ちなみにわが国においても、結核のために生じる青白い肌と病的な弱さが、明治から昭和初期にかけて女性美の要素として評価されていた。いわゆる「結核ごのみ」と呼ばれる現象である。この点については、福田眞人『結核の文化史――近代日本における病のイメージ』（名古屋大学出版会、1995年）、第三章「肺病のロマン化」を参照していただきたい。

＊21　Edmond et Jules de Goncourt, *Madame Gervaisais*,《Folio》, 1982, p.241.

註

序　論

＊1　ロイ・ポーター「身体の歴史」（ピーター・バーク編・谷川稔ほか訳『ニュー・ヒストリーの現在——歴史叙述の新しい展望』〈人文書院、1996年〉）267-271ページ。

＊2　鷲田清一『悲鳴をあげる身体』（ＰＨＰ研究所、1998年）36ページ。

Ⅰ　語られる身体

第1章　女・医学・病

＊1　上野千鶴子『性愛論』（河出書房新社、1991年）78-79ページ。

＊2　十九世紀におけるマリア顕現と、その歴史的意味については次を参照のこと。関一敏『聖母の出現——近代フォーク・カトリシズム考』（日本エディタースクール出版部、1993年）。シルヴィ・バルネイ『マリアの出現』（近藤真理訳、せりか書房、1996年）。小倉孝誠『19世紀フランス　愛・恐怖・群衆』（人文書院、1997年）第Ⅵ章。

＊3　Alfred de Vigny, 《La Colère de Samson》, *Les Destinées*, Gallimard, 1973, p.179. 以下、特に断りがないかぎり、フランス語原文からの引用は拙訳による。

＊4　ルソー『エミール（下）』（今野一雄訳、岩波文庫）21ページ。

＊5　アンソニー・シノット『ボディ・ソシアル——身体と感覚の社会学』（高橋勇夫訳、筑摩書房、1997年）90-98ページ。

＊6　Annelise Maugue, *L'Identité masculine en crise au tournant du siècle, 1871-1914*, Rivages, 1987.

＊7　E・バダンテール『ＸＹ——男とは何か』（上村くに子・饗庭千代子訳、筑摩書房、1997年）23ページに引用されている一節。

＊8　次の仏訳による。Otto Weininger, *Sexe et Caractère*, L'Âge d'homme, 1975, p.69.（邦訳：オットー・ヴァイニンガー『性と性格』〈竹内章訳、村松書館、1992年〉）。

＊9　*Ibid.*, p.90.

ワ　行

ナ　行

ハ　行

マ　行

ヤ　行

ラ　行

タ　行

カ 行

サ 行

作品名

マ　行

ヤ　行

ナ　行

ハ　行

サ　行

タ　行

索　引

人　名

ア　行

カ　行

単行本　『〈女らしさ〉はどう作られたのか』法藏館、一九九九年四月

文　庫　『〈女らしさ〉の文化史——性・モード・風俗』中公文庫、二〇〇六年八月

本書は中公文庫版を底本とし、新たに補章を加えた増補改訂版である。

中公文庫

〈女《おんな》らしさ〉の文化史《ぶんかし》
——性《せい》・モード・風俗《ふうぞく》

2006年8月25日　初版発行
2024年6月25日　改版発行

著　者　小《お》倉《ぐら》 孝《こう》誠《せい》

発行者　安部 順一

発行所　中央公論新社
〒100-8152　東京都千代田区大手町1-7-1
電話　販売 03-5299-1730　編集 03-5299-1890
URL https://www.chuko.co.jp/

ＤＴＰ　平面惑星
印　刷　三晃印刷
製　本　小泉製本

Published by CHUOKORON-SHINSHA, INC.
Printed in Japan　ISBN978-4-12-207526-9 C1122